KRISTIANE BACKHEUER | TOM KÖRBER | GERHARD MÜLLER

WIR IN KIEL

*

*Die Stadt, ihre Menschen
und ihre Geschichten*

IMPRESSUM:
1. Auflage 2017
Ein Buch der Kieler Nachrichten
© 2017 Wachholtz Verlag – Murmann Publishers, Kiel/Hamburg

Gesamtherstellung: Wachholtz Verlag
Gestaltung und Layout: Wachholtz Verlag

Printed in Europe
ISBN 978-3-529-05136-4

Besuchen Sie uns im Internet:
www.wachholtz-verlag.de

WIR IN KIEL

*

Herausgegeben von den Kieler Nachrichten

Texte: Kristiane Backheuer / Gerhard Müller

Fotografie: Tom Körber

INHALT

LIEBE LESERIN, LIEBER LESER

*

775 Jahre Kiel, kein Jubiläum, das leicht über die Zunge geht, gleichwohl eine sehr lange, bewegte Geschichte. Meine Kiel-Geschichte ist beim Erscheinen dieses Buches gerade mal fünf Jahre alt – und ganz ehrlich: Ich habe ein wenig gebraucht, um diese Stadt ins Herz zu schließen. Ich kam aus Lübeck, der Schönheitskönigin unter den Ostseestädten. Kiel, das war für mich erst Liebe auf den zweiten Blick.

Wenn man genau hinsieht, dann hat diese oft unterschätzte Stadt so viel Großartiges zu bieten. Wasser, Werften, Schiffe, Strände, Handball, Kieler Woche, klar. Aber auch die »Adler I«, Kiellinie, Forstbaumschule, Geomar und IfW, eine vitale Kulturszene, einen ordentlichen Fußballverein – unterm Strich: eine Menge Sehens- und Liebenswertes, trotz und zum Teil auch gerade wegen der vielen Kriegsnarben.

Wir haben 50 stolze Kielerinnen und Kieler getroffen, an deren Geschichten sich ein Stück Stadtgeschichte erzählen lässt. Die Autoren Kristiane Backheuer und Gerhard Müller kamen begeistert und mit vollgeschriebenen Blöcken zurück in die Redaktion, und Tom Körber brachte genau jene herausragenden Fotos mit, die wir uns versprochen hatten, für die er weit über die Stadtgrenzen hinaus bekannt ist.

So entstand im Wachholtz Verlag dieser Band, der in Wort und Bild den Bogen spannt von der Stadtgründung bis ins 21. Jahrhundert. Von Geschichtsprofessor Oliver Auge bis zu Schiffsmakler Jens-Broder Knudsen, von Gelehrtenschülerin Katja Keßler bis zu Literatin Mona Harry. Es ist unser Geburtstagsgeschenk an die Landeshauptstadt, das sich auch als Geschenk für jeden eignet, der Kiel mag oder Kiel kennenlernen sollte.

Ganz sicher wird es in 25 Jahren wieder manches Jubiläumsbuch geben, vielleicht auch manches, das noch tiefer in der Stadtgeschichte schürft. Mit mehr Liebe gemacht als das vom Team Backheuer, Körber und Müller kann es aber kaum sein.

Christian Longardt, KN-Chefredakteur

Oberbürgermeister Ulf Kämpfer am Asmus-Bremer-Platz im Gespräch mit Gerhard Müller.

Fotograf Tom Körber mit Kristiane Backheuer am sonnigen Tiessenkai in Holtenau.

GESCHULTER BLICK AUF DIE ERSTE STADTGRÜNDUNG

Ein Professor und seine Sicht auf Kiel und die Kieler

Ein Gespräch mit Oliver Auge führt nach wenigen Worten nicht selten zur Frage nach seiner Herkunft, denn unschwer ist zu hören, dass er kein Norddeutscher ist. Tatsächlich kommt der Professor aus jenem Bundesland, dessen Bürger über sich behaupten, alles zu können – außer Hochdeutsch. Warum lehrt ein Schwabe aus Göppingen an der Christian-Albrechts-Universität Regionalgeschichte? Oliver Auge antwortet mit einem gelassenen Schmunzeln: »Man muss ja auch kein Walfisch sein, um über Wale zu arbeiten.« Gut, damit wäre das schon mal geklärt.

»Der Blick von außen kann manchmal durchaus hilfreich sein«, schiebt der Mann nach, der Kiel besser kennt als vermutlich so ziemlich jeder Kieler. Das liegt daran, dass der Buchautor, der unter anderem zum 350. Jubiläum der CAU das Leben und Wirken von Herzog Christian Albrecht aufschrieb, sich beruflich intensiv mit der Gründung der Landeshauptstadt 1242, ihrer Historie und auch der Vergangenheit Schleswig-Holsteins beschäftigen darf. Der Direktor am Historischen Seminar hat gerade eine neue Geschichte Kiels verfasst, die Stadt, über die er sagt, sie sei zu seiner neuen Heimat geworden. Einen Umzug möchte er sich nach acht Jahren im Norden nicht mehr vorstellen, obwohl er durchaus kritisch über Kiel spricht. Wer von außen auf eine Region blickt, dem gelingt der Augenschein womöglich unbefangener.

Registriert hat Oliver Auge, dass Kiel eine Stadt neben, aber nicht am Meer sei, die viel zu wenig aus ihrer Lage am Wasser mache, etwa mit mehr gemütlichen Cafés und Restaurants direkt an der Förde. Auch kann er sich keineswegs mit allen architektonischen Entscheidungen anfreunden (»Nach dem Abriss von Karstadt hätte ich mir am Alten Markt eine andere Bebauung vorstellen können«). Außerdem vernimmt er immer wieder, dass mancher Kieler nicht unbedingt positiv über seine Heimat spricht: »Die Lübecker zeigen ein ganz anderes Selbstbewusstsein, den Kielern fällt es deutlich schwerer, stolz auf ihre Stadt zu sein.«

Für all das bringt der gebürtige Schwabe aber Verständnis auf. Kiel sei viele Jahrhunderte auf sich selbst und sein Umland und nicht auf das Meer fokussiert gewesen. Mit den Werften und der Marine sei Kiel dann zu einer Stadt in Bewegung geworden und neben Duisburg in Deutschland am schnellsten gewachsen. »Um 1900 gab es hier überproportional viele junge Männer, 1910 wurden 80 000 Umzüge verzeichnet, nach dem Zweiten Weltkrieg kamen die Flüchtlinge. Kiel war schon immer ein Schmelztiegel, so konnten die Menschen hier keine echte Kieler Identität entwickeln.« Historiker sprechen davon, dass die Stadt im Grunde dreimal gegründet wurde: 1242, 1871 durch den Reichsmarinehafen und 1945 nach der Zerstörung noch einmal. Die Gründung von 1242 gilt eher nicht als die wichtigste.

Grabmal (Epitaph) des Stadtgründers
Adolfs IV. von Schauenburg

dargestellt als Franziskanermönch "Bruder Adolf",
gestorben am 8. Juli 1261.
Links oben das Schauenburger Wappen.
Die Platte lag ursprünglich über dem Grab
vor dem Altar der Klosterkirche.

* EINWOHNERZAHL: TENDENZ STEIGEND

1242 gilt als Entstehungsjahr von Kiel. Exakt weiß man es nicht, denn die Gründungsurkunde existiert nicht im Original, sondern nur als Abschrift aus dem 18. Jahrhundert. Keramikfunde aus dem 12. Jahrhundert besagen, dass am Ort der Holstenstadt tom Kyle, so der ursprüngliche Stadtname, schon früher Handel betrieben wurde. Kiel war lange Zeit eher ein verschlafenes Städtchen. Während Lübeck um 1700 rund 25 000 Einwohner verzeichnete, waren es in Kiel nicht einmal 4000. Mit der Gründung der Maschinenbauanstalt Schweffel&Howaldt begann 1838 die Industrialisierung, entscheidender jedoch war die Verlegung der preußischen Marine von Danzig an die Förde 1865. Innerhalb weniger Jahre stieg die Einwohnerzahl von etwa 25 000 auf über 200 000 an. Mittlerweile leben in der Landeshauptstadt rund 247 000 Menschen, Tendenz steigend.

1261

MIT GOTTES HILFE

Schwester Maria Magdalena ist die Seele im Kloster

Für ein Stück Kuchen ist Schwester Maria Magdalena immer zu haben. Schließlich besaßen ihre Eltern einst ein Café, das sie einmal übernehmen sollte. Doch Gott hatte anderes mit ihr vor. Genussvoll steckt sie ein kleines Stückchen ihres Himbeertörtchens in den Mund. Wenn sie aus dem Fenster der Konditorei blickt, kann sie auf die Adolf-Skulptur vor dem Kieler Kloster schauen. Mit ihm verbindet die Ordensschwester viel.

»Adolf IV. hat dafür gesorgt, dass Kiel eine Stadt wurde und dass die Menschen eine eigene Existenz aufbauen konnten. Er hat ihnen Schutz und Möglichkeiten gegeben«, sagt sie, »heute machen wir etwas Ähnliches.« Gemeinsam mit Schwester Klara (Jahrgang 1940) und Schwester Juliane (Jahrgang 1944) ist sie die Seele des Hauses Damiano am Krusenrotter Weg. Vier Gästezimmer stehen für Ruhesuchende bereit. Egal welche Religion sie haben. Ein Haus, wo man sein darf, wie man ist. Wo das Durchatmen leicht fällt. Wo der Grundrhythmus des Lebens wieder ins Lot kommen kann.

Aus der gesamten Welt reisen die Menschen nach Kiel ins kleine Heim des katholischen Franziskanerordens. »Ein ausgewogenes Maß von Einsamkeit und Gemeinsamkeit tut not, um aufmerksam für die wesentlichen Fragen des Lebens zu sein«, ist sich Schwester Maria Magdalena sicher. Vor »gefühlt endlos langer Zeit« wurde sie 1967 als Amely Jardin in Nordrhein-Westfalen geboren. Die Eltern führten ein Café am Schiffshebewerk Henrichenburg. »Ich war als Älteste gebucht auf die Fortführung des Unternehmens«, sagt sie, »schon meine Urgroßeltern hatten das Ausflugslokal aufgebaut.« Kurz vorm Abitur wurde ihr der Lebensentwurf aber zu eng. Sie schmiss die Schule, machte Praktika in Krankenhäusern und Altenheimen. »Dabei traf ich immer wieder auf Franziskanerinnen und war fasziniert.« Doch bevor sie sich ganz Gott versprach, machte sie ihrem Vater zuliebe noch eine Ausbildung zur Krankenschwester. »Aber das brachte mich nicht von meinem Weg ab.«

Sie absolvierte die geistliche Grundausbildung in Münster und legte nach sechs Jahren das Ewigkeitsgelübde ab. Kein Eigentum, keine Familie. Dafür in intensiver Beziehung zu Gott und der Gemeinschaft. Aus Amely Jardin wurde Maria Magdalena – in der Bibel die erste Zeugin der Auferstehung Jesu. »Anfangs dachte ich, dass mir das Reisen fehlen wird«, sagt sie. »Aber das ist nicht der Fall.« An ihrer rechten Hand trägt sie den Ehering, der sie mit Gott verbindet. »In caritate non timor« steht innen – »in der Liebe gibt es keine Furcht«.

Ihr Handy klingelt. Leises Glockengeläut dringt durchs Café. Ihre Schwestern fragen an, wann sie nach Hause kommt. Gäste haben sich angekündigt. »So wie Adolf für die Stadt nur das Beste suchte, tragen auch wir Sorge für diese Stadt. Nur den Nöten der Zeit angepasst.«

* DER STADTGRÜNDER WIRD GOTTESFÜRCHTIG

Es ist der 22. Juli 1227. Mitten auf dem Schlachtfeld bei Bornhöved legt Adolf IV. ein frommes Gelübde ab: Sollte er zusammen mit den norddeutschen Fürsten und Städten über den Dänenkönig Waldemar II. siegen, wird er auf alle Macht und allen Besitz verzichten und Mönch werden. Er siegt. Aber die damals durchaus übliche Demutsgeste setzt er erst 1239 in die Tat um. Der holsteinische Landesherr tritt nach einer Romfahrt, auf der er die Priesterweihen erhalten hat, ins Kieler Kloster ein und führt von da an ein gottesfürchtiges Leben in Armut, Gehorsam und Keuschheit. Jahre zuvor, im Zuge der Stadtgründung, hatte er die Errichtung des Klosters veranlasst. Hier wird er auch 1261 beigesetzt. Eine erst später installierte Grabplatte lobpreist Adolf IV. als »Vorbild der Tugend, die Blume der Blumen und Perle des Guten«.

GEWIDMET A.D. 2005
ZUM GEDENKEN AN

GRAF ADOLF IV.
VON SCHAUENBURG

DEN GRÜNDER
DER STADT KIEL
UND DES KLOSTERS
AN DIESEM ORT
BRUDER ADOLF
† A.D. 1261

BÜRGERSTIFTUNG KIEL
UND KIELER KLOSTERVEREIN

1320

GEBADET IN DRACHENBLUT

Katja Keßler, eine stolze Gelehrtenschülerin

Mit Katja Keßler wird das Leben bunt. Kaum betritt die Bestsellerautorin den altehrwürdigen Physikraum ihrer Schule, greift sie auch schon zur roten Kreide und malt ein freches Strichmännchen unter Formeln und Berechnungen. Direkt daneben lächelt der Physiker Max Planck milde von einem Plakat. »Früher dachte ich, mit meinen Leistungskursen Latein und Altgriechisch hätte ich die Höchststrafe gewählt«, sagt sie. »Aber jetzt denke ich: ›Genau richtig!‹ Danach bist du nämlich in Drachenblut gebadet.« 1988 machte Katja Keßler an der Kieler Gelehrtenschule Abitur. Anschließend eroberte sie die Welt. Der Fototermin wird nun zur Reise in die Vergangenheit. Mit dabei: ein Hauch von Melancholie.

»Ich bin stolz, Gelehrtenschülerin zu sein«, sagt sie nachdenklich. Unzählige Erinnerungen ploppen nach und nach auf. Von einem Erbsen-Streich, als aufquellende Hülsenfrüchte den Unterricht stören sollten (»klappte natürlich nicht«). Von dem Unfall eines Mitschülers, der nach einem Sturz in »einer Pfütze aus Blut und Zähnen« entdeckt wurde (»Den haben sie aber wieder toll repariert«). Von den »klasse« Deutschlehrern (»Ich glaube, ich war in alle verknallt«).

Katja Keßler (Jahrgang 1969) wuchs am Sophienblatt auf. »Sechste Etage, Blick nach Norden auf fünf Bäume, kein Balkon«, erzählt sie und schiebt lachend hinterher: »Mein Mann sagt immer, ich bin auf einer Verkehrsinsel groß geworden.« Im ersten Stock hatte ihr Vater eine Zahnarztpraxis.

»In der Schulzeit war ich jetzt nicht so die Aufmüpfige. Das kam erst später«, sagt sie. Ihren Abischnitt weiß sie schon gar nicht mehr: »Aber der muss irgendwie gut gewesen sein, sonst hätte ich nicht gleich einen Zahnmedizinplatz an der Kieler Uni bekommen.« Erst im Studium habe sie den Humanismus-Gedanken der Gelehrtenschule »geschnallt«. »Und auch da erst kapierte ich diesen Raum«, meint sie und blickt sich im Physikklassenzimmer um. Aus dem Stegreif erklärt die promovierte Zahnärztin mal eben das Ohmsche Gesetz und wie ein analoges Telefon funktioniert.

Ob sie sich noch immer als Kielerin fühlt? »Heimat ist da, wo die Kinder sind«, sagt die bekennende Brandenburgerin. In Potsdam lebt sie mit Ex-»Bild«-Chef Kai Diekmann und den vier Kindern in einer ehemals »runtergerockten Bude« am einstigen Grenzstreifen. 4000 Quadratmeter Grundstück, alte Aprikosen- und Walnussbäume. Hier ist sie glücklich mit 400 000 Bienen, den Ziegen »Mäh« und »Daisy«, den Katzen »Michel« und »Karlsson«, Hühnern und Kaninchen. Wenn ihr all das nicht bunt genug ist, schreibt sie über die High-Society oder verfasst zusammen mit Pop-Titan Dieter Bohlen dessen Biografien, geht mit ihren Kolumnen auf Lesereise oder schaut auch mal in Kiel vorbei. »Der Norden ist so ein wunderschöner Flecken Erde. Das hatte ich fast vergessen.«

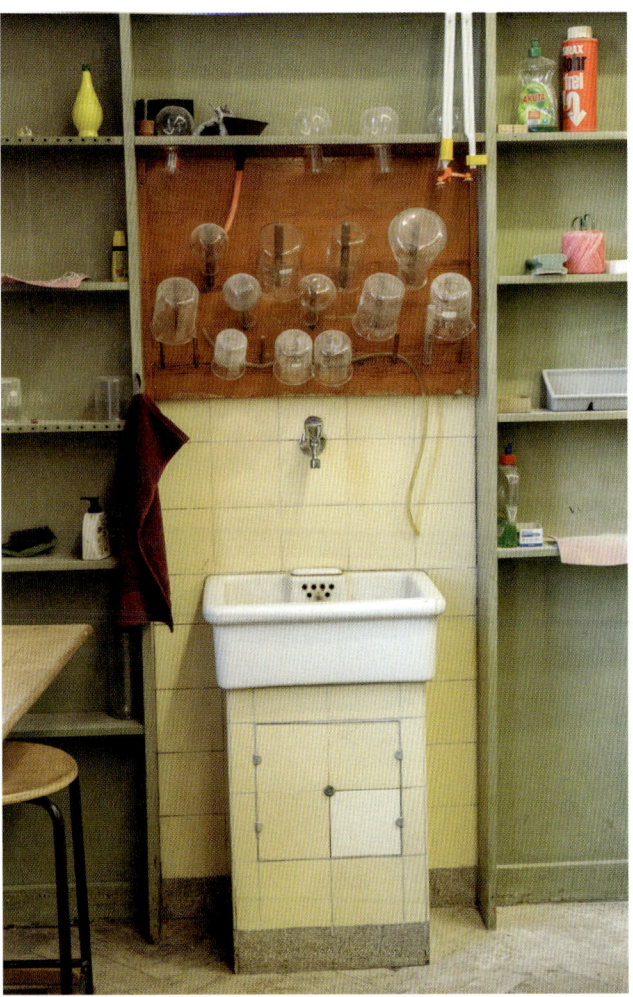

* SCHON MAX PLANCK LERNTE HIER

Die Kieler Gelehrtenschule ist Kiels erste Schule und heute das einzige rein altsprachliche Gymnasium des Landes. Bereits 1320 taucht die »Scola« in den Urkunden auf. Die Geschichte ist geprägt von Umzügen und Kriegen. Seit 1868 wird in einem Neubau in der Dammstraße am Kleinen Kiel unterrichtet. Seit 1924 sind auch Mädchen zugelassen. Bei einem Luftangriff 1944 wird das Gebäude in Schutt und Asche gelegt. Der Schulunterricht wird ausgelagert, bis 1953 der Neubau in der Feldstraße bezogen werden kann. Zu einer Autoritätskrise kommt es, als sich unzählige Schüler der Protestbewegung der 68er anschließen. Viele berühmte Menschen drückten in der Gelehrtenschule einst die Schulbank. So war der Lyriker Detlev von Liliencron hier Pennäler, aber auch der Physiker Max Planck, der Dirigent Justus Frantz, der TV-Journalist Wolf von Lojewski und der Kieler Tatort-Kommissar Axel Milberg.

1344

GEBETSTEPPICH UNTER KIRCHENGLOCKEN

Matthias Wünsche ist in St. Nikolai ein politischer Pastor

Wer suchet, der findet. Wer den Pastor der Nikolaikirche sucht, der wird schnell fündig. Sein Amtszimmer liegt gleich links neben dem Eingang. Die Kirche, in der 1665 die Christian-Albrechts-Universität gegründet wurde, hat ihr Gemeindehaus verkauft, also arbeitet Matthias Wünsche im Gotteshaus. Das findet der promovierte Theologe praktisch, auch aus persönlichen Gründen.

Als dem gebürtigen Frankfurter aus dem Apfelweinviertel Sachsenhausen vor 17 Jahren das Pfarramt in St. Nikolai angeboten wurde, war er Dorfpastor in Felde und wollte mit seiner Familie nicht in die Landeshauptstadt ziehen. Also bot er der Nikolai-Gemeinde an, auf die übliche Residenzpflicht des Pastors zu verzichten und stattdessen die Präsenz in der Kirche einzuführen. Als erste Maßnahme strich er die zweistündige Mittagspause: »Die fand ich unpassend. So hatte ich hier in meinem ersten Monat schon mehr Kontakte als in einem Jahr auf dem Dorf.«

Das passt zu den sogenannten Citykirchen. St. Nikolai ist eine »offene Kirche«, was nicht nur an den täglichen Öffnungszeiten von 10 bis 18 Uhr liegt, sondern vor allem an ihrem Konzept: offen für Kultur und Konzerte, offen für alle, bei Bedarf auch mal für einen Moslem, der in einer Ecke seinen Gebetsteppich ausrollte. Matthias Wünsche hieß den Mann willkommen und zeigte ihm sogar die Himmelsrichtung gen Mekka. Der Pastor sorgt auch dafür, dass sich frierende Obdachlose an kalten Wintertagen in seiner Kirche aufwärmen können, und er stellt bei Bedarf die Umluftheizung an, die in der Nähe des Taufbeckens von 1344 effektiv ihre Arbeit verrichtet. Außerdem steht in den Morgenstunden stets eine Kanne Kaffee parat, um Bedürftige auch innerlich zu erwärmen.

Es ist durchaus angebracht, den mit einem gesunden hessischen Humor gesegneten Theologen als politischen Pfarrer zu bezeichnen. In seinen Predigten nimmt er gerne Bezug zu aktuellen Ereignissen. Das schätzen die Gottesdienstbesucher. Und das entspricht dem Profil einer offenen Kirche, die Essensmarken an Bedürftige ausgibt. »Das ist eine gewisse Form von Sozialarbeit«, sagt Matthias Wünsche. Und es passt ebenfalls zum Konzept einer Volkskirche, die ihre Daseinsberechtigung nicht darin sieht, dass alle ihr zuhören, sondern dass sie sich auf alle einstellt, die zu ihr gehören.

Dazu zählen auch Bürger in der Altstadt, denen mit der Schließung des über 100 Jahre alten Karstadthauses am 13. März 2010 ein wichtiges Einkaufszentrum abhanden kam. Matthias Wünsche ließ, am Abend als Karstadt zusperrte, das Totengeläut anstimmen. Es war eine symbolische Geste und eine politische zugleich. Das Engagement des Pastors machte auch vor dem Bauleiter des Nordlicht-Einkaufszentrums nicht Halt. Dem sagte er: »Sie können so hoch bauen, wie sie wollen, aber meinen Kirchturm bekommen sie nicht klein.«

* KLEINE KIRCHE, GROSSE STRAHLKRAFT

Die Kirche St. Nikolai wurde 1241 gegründet, ihr Taufbecken ist 103 Jahre jünger. Hans Apengeter vollendete das Bronzebecken 1344. Der Bildhauer arbeitete in Lübeck und war der bekannteste Erzgießer dieser Epoche in Norddeutschland. Er hat Spuren in Kirchen in Kolberg, Wismar und Stettin und auch am Lübecker Rathaus hinterlassen. Der hölzerne barocke Taufdeckel hängt erst seit 1674 über dem Becken. Bei den Taufen – 2015 waren es 24 (darunter sieben Erwachsenentaufen), 2016 waren es 20 (drei) – versammelt Pastor Matthias Wünsche nicht nur Eltern und Paten, sondern alle Gottesdienstbesucher stets um das Becken. Für ihn ist es das Symbol, dass der kleine Erdenbürger von der ganzen Gemeinde begrüßt wird. St. Nikolai ist mit 2369 Mitgliedern die kleinste evangelische Gemeinde in Kiel, groß sind jedoch Einzugsbereich und Strahlkraft.

1431

HARTES BROT

Jedes Jahr schlüpft Elfriede Andresen in die Rolle der »Stutenfrau«

Einmal im Jahr macht Elfriede Andresen eine kleine Zeitreise in die Vergangenheit. Sie schlüpft in ihre dicke wollene Unterwäsche, zieht den grob gewebten Leinenrock an, bindet die blau gemusterte Schürze darüber und rüstet sich mit drei Schichten unter der grauen Jacke gegen die eisige Kälte. Vier Tage lang zieht sie jahrein, jahraus als »Stutenfrau« mit Asmus Bremer und seinem Gefolge zum Kieler Umschlag durch die Stadt. Oft bei Frost. Manchmal bei Dauerregen. Aber immer mit einem Lächeln auf den Lippen.

»Ich hoffe, dass ich das noch lange machen kann«, sagt Elfriede Andresen, die alle nur Elfie nennen. »In meinen Knochen merke ich doch die Anstrengung der langen Wege.« Zum Umschlag kommt sie mehr oder weniger durch Zufall. »Ich bin 2001 einfach mal mittelalterlich gekleidet mitgelaufen«, erzählt sie schmunzelnd. »Irgendwann saß ich dann plötzlich zwischen der ganzen Prominenz im Rathaus.« Seitdem gehört sie zu den elf anderen Umschlags-Darstellern.

Ihre Rolle als »Stutenfrau« hat sie sich selbst gesucht. Sie ist fasziniert von diesen Frauen, die mit großen Körben voller Weißbrot (Stuten) durch die Gegend zogen. »Meist waren das Witwen, die im Armenhaus lebten und sich ein Zubrot verdienen mussten«, erklärt sie.

Geschickt legt sie sich das Tragegestell (die Dracht) über die Schultern, richtet die Hanfseile, an denen die geflochtenen Brotkörbe hängen. Das Gestell hat ihr der Zimmer-

mann aus dem Freilichtmuseum in Molfsee gemacht, aus extra leichtem Holz. »Die Stutenfrauen hatten früher Eisenketten benutzt«, erzählt sie. »Mir ist schleierhaft, wie die das kilometerweit getragen haben und dann auch noch in Holzpantinen.«

Wie schwer es ist, Geld zu verdienen, weiß auch Elfie Andresen (Jahrgang 1949). »Meine Eltern hatten auf Pellworm einen Kaufmannsladen. Aber keiner von uns vier Geschwistern wollte das Geschäft übernehmen«, erzählt sie. Mit 17 verließ sie die Insel. In Flensburg besuchte sie die »Puddingakademie«, die Frauenfachschule, kam 1971 nach Kiel und blieb.

Sie verdiente ihr Geld als Kindergärtnerin, als Kinderfrau, wurde selbst Mutter. Mit 50 wurde sie arbeitslos. Mutig sagt sie sich: »Ick bin keen Bangbüx.« Und so fing sie an, sich neu auszuprobieren. Sie arbeitete als Statistin am Opern- und Schauspielhaus, baute im Freilichtmuseum die Vogelscheuchen-Werkstatt mit auf, half in der dortigen Kaffeestuv oder lieferte dem NDR das Wetter auf Plattdeutsch. Sogar in einem Arte-Film übers Mittelalter wirkte sie mit.

Gedanklich ist sie oft in der Vergangenheit. Manchmal überkommt sie dabei furchtbares Heimweh. Dann drückt die nur 1,39 Meter große Frau ihr Kreuz durch und sagt sich selbst: »Ne echte Stutenfrau lässt sich nicht unterkriegen.« Und eine echte Nordfriesin schon gar nicht.

* GELDGESCHÄFTE UND GAUKLER

Den Kieler Umschlag gibt es seit 1431. Adelige Grundbesitzer sowie Kaufleute aus Hamburg und Lübeck kamen einmal jährlich in Kiel zusammen, um ihre Geldgeschäfte abzuwickeln. Gaukler, Seiltänzer und Schausteller sorgten für Unterhaltung. Waren aller Art wurden feilgeboten. Aber auch viel zweifelhaftes Volk strömte in die Stadt. Wiederholt berichteten die Chroniken, dass »schwere Jungs« gefasst wurden. 1577 beispielsweise wurde ein Dieb enthauptet, zwei weitere gehängt und ein vierter mit dem Rad hingerichtet. Mit der Gründung der Hamburger Bank 1619 schrumpfte die Bedeutung des Freimarktes. 1912 wurde der Kieler Umschlag komplett eingestellt. Erst 1975 wurde das Volksfest wiederbelebt und findet seitdem jährlich Ende Februar statt.

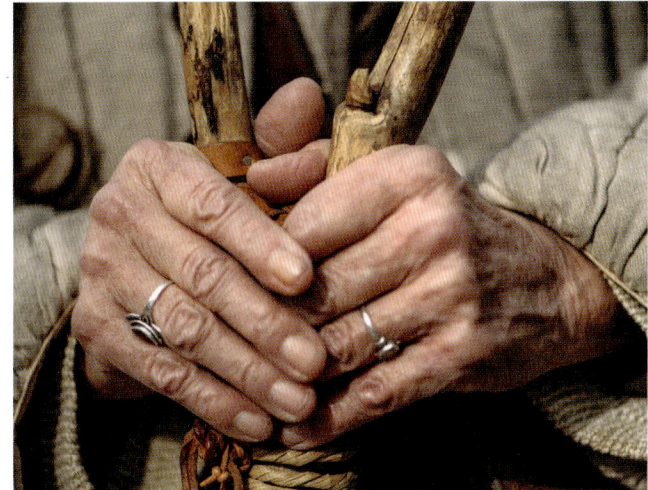

1445

KEIN BIERERNSTES THEMA

Max Kühl und Florian Scheske sind auf den Geschmack gekommen

Gut, dass Max Kühl und Florian Scheske nicht Ende des 17. Jahrhunderts beschlossen haben, Lillebräu zu gründen. Sie wären in Kiel auf zahlreiche Konkurrenz getroffen und auf Herzog Friedrich III., der sich mit Bürgerbegehren auseinandersetzen musste, da »viele alte Bürger und Wittwen beim Bierbrauen ihre einzige Nahrungsquelle hätten«, wie es in der Geschichte des Zunftwesens wörtlich heißt. Herzog Friedrich wiederum hätte mit dem Begriff »Start-up-Unternehmen« seine Probleme gehabt. Die Zeiten ändern sich, Bier ebenfalls. Der Deutsche trinkt zwar unverändert am liebsten Pils und zunehmend Hefeweizen, aber junge Brauer wie Kühl und Scheske geben Gerstensaft ganz neue Geschmacksnoten.

Die Geschichte von Lillebräu – den Namen hat Scheske von Lillebror aus seinem Lieblingskinderbuch »Karlsson vom Dach« abgeleitet – beginnt nicht wie im Film. Auf der Leinwand wären die beiden jungen Design-Studenten an der »Mu« vermutlich in einer Kneipe kurz vor der Sperrstunde gezeigt worden, in fast leere Biergläser starrend. Doch so entstand ihre Idee nicht. Scheske, ein reisefreudiger Mensch, trank 2008 am Strand von Long Island bei New York sein erstes Craft-Beer, ein Brooklyn Lager, und war begeistert. In Australien kam er 2013 richtig auf den Geschmack. Wieder zurück an der Förde, investierte er mit seinem Kumpel Kühl stolze 3000 Euro in den »Braumeister«, ein Gerät, das für Hobby- und Heimbrauer entwickelt

worden war. »Ich hatte gerade ein bisschen Geld auf dem Konto, Florian etwas mehr, da haben wir halt gleich das komplette Set für 50 Liter bestellt«, erzählt Max Kühl.

Das leer stehende frühere Zimmer ihres Professors in der »Alten Mu« wurde zur Produktionsstätte, darin gab es praktischerweise einen Wasseranschluss. Das Duo absolvierte Braukurse in Hamburg und trank sich durch das in Deutschland erhältliche Craft-Beer-Sortiment. »Ich glaube, wir haben in zwei Wochen 100 Sorten probiert, das war eine Superzeit«, grinst Kühl. Die ersten drei Braugänge gingen schief, danach jedoch ging es aufwärts, doch es dauerte rund sechs Monate, bis die beiden sich auf einen Geschmack geeinigt hatten. Jung und unbekümmert wie sie waren, stellten sie ihr Produkt, eigenhändig verkorkt in einer unetikettierten Flasche, in der Kneipe Mum & Dad vor. Heute gibt es die vier Sorten (Das »Honk a tonk« schmeckt ein bisschen nach Vanille und Schokolade) in vielen Kieler Restaurants sowie im Einzelhandel. 2016 wurden 40 000 Liter gebraut, 2017 sollen es doppelt so viel werden. Hergestellt nur mit natürlichen Zutaten und ohne Gärbeschleuniger, weshalb das Bier auch sechs Wochen benötigt um zu reifen. Viel Freizeit bleibt den Geschäftsführern Kühl und Scheske bei ihrem Reifeprozess nicht mehr, es gibt viel zu tun. Doch beide sind gut drauf und lachen gerne. Man muss diese Erfolgsgeschichte ja auch nicht bierernst sehen.

* VORERST NOCH »KUCKUCKSBRAUER«

Seit dem 13. Jahrhundert wird in Kiel Bier gebraut. 1445 verabschiedete der Rat der Stadt eine Gewerbeordnung für die 36 Brauhäuser. Bier war damals ein Grundnahrungsmittel, das einprozentige Obergärige wurde sogar von Kindern getrunken. Im Adressbuch von 1832 sind 32 Brauhäuser aufgeführt, 1914 waren es noch zwölf. 1979 schloss mit der Eiche die letzte traditionelle Privatbrauerei. Seit 1988 entsteht in der Kieler Brauerei am Alten Markt ein naturtrübes Bier, 2014 kam Lillebräu dazu. Das Start-up-Unternehmen konzentriert sich auf Craft-Biere (craft ist die englische Bezeichnung für Handwerk). Die Geschäftsführer Max Kühl und Florian Scheske investieren nun einen hohen sechsstelligen Betrag in eine eigene Brauerei. Eröffnung in Kiel soll im Januar 2018 sein. Bis dahin lassen sie ihre vier Sorten als »Kuckucksbrauer« in mittelständischen Brauereien herstellen.

1522

SCHMUCKSTÜCKE IN DER BLACKBOX

Klára Erdei hütet auch Werke von Martin Luther

Falls jemand mit einer Frau, die sich um den Erhalt von alten Büchern in einem Archiv kümmert, das Vorurteil verbindet, deren Erscheinungsbild entspräche womöglich ihrer Aufgabe, dann fällt Klára Erdei völlig aus dem Rahmen. Sie ist eine schlanke Dame, gerne elegant gekleidet. Wenn sie über ihre Arbeit spricht, dann geschieht das mit Begeisterung und Leidenschaft, häufig von einem charmanten Lächeln begleitet. Die Literaturwissenschaftlerin ist in der Bibliothek der Christian-Albrechts-Universität für vieles zuständig, vor allem aber für jene rund 45000 Bücher, die im Archiv unter dem Stichwort »Altbestände« lagern.

Die gebürtige Ungarin wuchs in Szeged auf. Hier studierte und promovierte sie nach einem Abstecher an die Universität von Tours in Frankreich, ehe sie in der Abteilung der Altbestände der Szegediner Universitätsbibliothek arbeitete. Seit 1982 lebt sie in Kiel. Das lag an ihrem Mann, einem Professor für Kunstgeschichte, den sie in Frankreich kennengelernt hat: »Ich wollte eigentlich gar nicht nach Kiel, meine Kolleginnen in Szeged hatten behauptet, dort würden noch im April Eisschollen auf der Ostsee schwimmen.« Doch mit dem deutschen Norden ist sie längst warm geworden. Und mit ihrer Tätigkeit in der Uni-Bibliothek.

Bis dahin war es ein weiter Weg, nicht nur geografisch. Klára Erdei musste erst einmal Deutsch lernen. Da sie in ihrem Fachgebiet an der Förde keine Anstellung fand, gab sie zunächst Französischkurse an der Volkshochschule Neumünster und jobbte im Magazin der Landesbibliothek. »Ich habe hier wirklich wie eine kleine Tellerwäscherin angefangen«, erinnert sie sich an diese »harte Zeit«. Doch dann durfte sie an der Schleswig-Holsteinischen Bibliographie mitwirken und an der Waldorfschule in Kiel Französischunterricht erteilen, ehe ihr die Landesbibliothek in Eutin eine Chance gab. Von dort war der Weg 1990 nicht mehr ganz so weit zur »UB« in Kiel. Ihre Sachgebiete: Theologie, Philosophie, Kunst- und Wissenschaftsgeschichte. 2002 kamen die Altbestände hinzu. Seitdem hütet sie in den Katakomben an der Leibnizstraße einen wahren Schatz, kümmerte sich um dessen Digitalisierung und Restauration.

Die Lutherbibel aus dem Jahr 1522 ist ein echtes Schmuckstück. Klára Erdei hat sie entdeckt, nachdem aus Greifswald eine Anfrage mit der Bitte um Leihgaben kam. Zwar spuckte der Computer beim Stichwort »Martin Luther« eine lange Titelliste aus. »Doch das ist eine Blackbox«, lächelt sie. Was sich in dieser Box verbarg, konnte sie erst sehen, als sie die Bände im Archiv in die Hand nahm. »Was ich vorfand, hat mich enorm begeistert. Wir besitzen 124 Lutherdrucke aus den Jahren 1517 bis 1546.« Verliehen wurde die Erstausgabe der Lutherbibel dann doch nicht. Klára Erdei plant lieber eine eigene Ausstellung in der »UB« für Oktober. Passend zum Lutherjahr.

* 45 000 WERTVOLLE WERKE IN DER UNI-BIBLIOTHEK

Die älteste gedruckte Handschrift im Besitz der Universitätsbibliothek stammt aus dem 9. Jahrhundert nach Christus. Insgesamt lagern in einem von einer mächtigen Tresortür geschützten, kleinen Raum 379 sogenannte Inkunabeln, mit Lettern gedruckte Frühwerke bis zum Ende des Jahres 1500. Weitaus größer ist der ebenfalls gesicherte und klimatisierte Raum (18 Grad, 50 Prozent Luftfeuchtigkeit), in dem sich der sogenannte »Altbestand« der Bibliothek befindet, etwa 42 000 Bände aus den Jahren 1501 bis 1801. Unter den wertvollsten sind Martin Luthers 95 Thesen in Buchform auf acht Seiten, gedruckt 1517 in Basel sowie die Erstausgabe der Lutherbibel aus dem Jahr 1522. In weiteren Regalen befindet sich unter anderem die sehr umfangreiche medizinische Sammlung der CAU. Um deren Erhalt kümmert sich die Buchbindermeisterin und Restauratorin der Werkstatt.

1616

WENN DINGE REDEN KÖNNEN

Doris Tillmann leitet das Stadtmuseum Warleberger Hof

Jeden Morgen, wenn Doris Tillmann die schwere Eichentür mit den verschnörkelten Metallbeschlägen des Warleberger Hofes aufschließt, freut sie sich auf den Tag. »Ich habe den schönsten Arbeitsplatz der Stadt Kiel«, sagt die Museumsleiterin und strebt auch schon in den ersten Stock. Hier ist ihr Büro. Eine schicke Biedermeier-Sitzecke mit Sofa und Stühlen heißt die Besucher willkommen. Selbstverständlich stammen die Möbel, die einst der Familie Howaldt gehörten, aus dem Depot des Stadtmuseums. Ansonsten dominieren Bücher, Bücher und nochmals Bücher den Raum. Unzählige davon wurden von ihr und ihrem Team verfasst. Denn hier in dem geschichtsträchtigen Gemäuer mitten in der Innenstadt wird alles dafür getan, die historischen Dinge Kiels spannend zu präsentieren.

»Die deutsche Geschichte von der Kaiserzeit bis zur heutigen Demokratie lässt sich am Beispiel von Kiel wunderbar ablesen«, sagt Doris Tillmann. Die besten Geschichtenerzähler sind dabei die alten Objekte selbst. Rund 40 000 Dinge lagern im 3000 Quadratmeter großen Museumsdepot, das im Wissenschaftspark liegt. Darunter auch das Silber der Kaiserlichen Jacht »Hohenzollern«, kostbare Gemälde von namhaften Kieler Malern und Tausende Plakate aus längst vergangenen Tagen.

Alle vier Monate wird eine neue Ausstellung fürs Museum in der Dänischen Straße konzipiert. »Die Ideen gehen uns eigentlich nie aus«, sagt Doris Tillmann und versichert, dass sie am besten bei der Gartenarbeit auf dem landwirtschaftlichen Hof ihrer Familie in Kiel-Moorsee nachdenken kann.

Zugute kommt Doris Tillmann, die 1958 in Lübeck geboren wurde und in Kiel Volkskunde, Kunstgeschichte sowie Ur- und Frühgeschichte studierte, ihr phänomenales Gedächtnis. »Jedes noch so kleine Teil, das zum Museum gehört, ist durch meine Hände gegangen«, sagt sie und bedauert, dass sich immer weniger Menschen mit der Dinglichkeit von Sachen auskennen. Dass beispielsweise Schüler oft nicht wissen, dass eine Jeans aus Baumwolle ist, hat sie sehr erstaunt: »Die virtuelle Welt ersetzt immer mehr die echte Geschichte.«

Aber zum Glück gibt es Menschen wie Doris Tillmann, die ansteckend wirken mit ihrer Begeisterung für die Dinge unserer Vorfahren. Wenn sie mal wieder im Internet ein tolles Plakat ersteigert hat oder ein privater Sammler dem Museum ein Stück überlässt, freut sie sich. Oder wenn mal wieder ein großes Paket auf ihrem Schreibtisch liegt.

»Das hat uns gerade eine ältere Frau aus München geschickt«, sagt sie und öffnet den Karton. Darin liegen eine alte Reichskriegsflagge, Fotoalben und Tagebücher vom Vater, der 1918 in Kiel stationiert war. Perfekte Exponate für eine spannende Ausstellung irgendwann in der Zukunft.

* DIE GEBURTSSTUNDE DES WARLEBERGER HOFES

Der Warleberger Hof ist das einzige erhaltene adlige Stadthaus in Kiel. Viele Adelsfamilien aus den umliegenden Gütern besaßen solche Stadthäuser, um die Wintersaison in Gesellschaft zu verbringen. 1532 gab es 38 adlige Häuser in der Stadt, 1644 waren es bereits 86. Letzteres entspricht einem Sechstel aller Wohnhäuser. Dazu gehörte auch der Bau in der Dänischen Straße, der aus dem frühen 17. Jahrhundert stammt. 1616 verschenkte Herzog Friedrich III. von Gottorf das Grundstück an seinen Amtsschreiber Christoph Martens, der darauf das Haus errichten ließ. Sein heutiges Aussehen verdankt der Warleberger Hof verschiedenen Besitzern. Das ehemalige Adelspalais gehörte seit 1839 der Universität und beherbergte verschiedene Institute. 1967 erwarb die Stadt das Gebäude, um ein Stadtmuseum einzurichten, das 1970 eröffnet wurde. Noch heute sind im Gewölbekeller Zisterne und Herdanlage erhalten.

1665

UM LEBEN UND TOD

Alena Buyx beschäftigt sich mit Themen, die alle Menschen betreffen

Sollte ein Patient mit allen Mitteln der Intensivmedizin am Leben gehalten werden? Wann liegt man im Sterben? Demenz – Ende der Selbstbestimmung? Hirntod und Organspende? Mit solchen Fragen beschäftigt sich der Deutsche Ethikrat. Und Alena Buyx. Die Kieler Professorin ist eines von 26 Mitgliedern dieses Gremiums, und obwohl sie ihr 40. Lebensjahr noch nicht vollendet hat, ist sie bereits eine gefragte Spezialistin in der vergleichbar noch jungen Disziplin Medizinethik.

Erst seit 2003 ist Ethik ein Pflichtfach der Medizinerausbildung. Elf Jahre dauerte es, bis an der CAU der erste Lehrstuhl mit der approbierten Ärztin besetzt wurde. Dass 2014 – die Wahl auf die Mutter zweier Kinder fiel, ist bei deren Lebenslauf wenig verwunderlich. Sie hat in Münster, York und London Medizin sowie Soziologie und Philosophie studiert, sie forschte ein Jahr an der renommierten Harvard Universität, und sie war anschließend von 2009 bis 2012 parallel zur Arbeit an einer Londoner Uni stellvertretende Direktorin des englischen Ethikrats. Ein Leben im Elfenbeinturm führt sie dennoch nicht. Dazu ist ihr Fach auch nicht geeignet. Medizinethische Aspekte betreffen alle Bürger. Und Ärzte ohnehin.

Für das Kollegium am UKSH ist die Professorin gemeinsam mit Annette Rogge, der ersten deutschen Oberärztin auf diesem Gebiet, mittlerweile zu einer gefragten Beraterin geworden. »Als ich 2008 nach Harvard bin, war Medizinethik in Deutschland ein Randfach. In Harvard beschäftigten sich damals schon über 150 Leute mit Fragen, die hierzulande noch manchmal belächelt wurden«, erzählt Alena Buyx. In Kiel trifft sie auf viel Offenheit bei ihren klinischen Kollegen. Die rufen immer häufiger an, wenn sie beispielsweise bei der Therapie von todkranken Patienten in einen Gewissenskonflikt geraten.

Wie denkt die Schnellrednerin mit Überzeugungspotenzial über Sterbehilfe? Aktive Sterbehilfe lehnt sie ab, wegen des Missbrauchspotenzials. »Obwohl ich den ärztlich assistierten Suizid gerne etwas liberaler gehandhabt sehen würde, haben wir in Deutschland eine akzeptable Regelung. Die Frage lautet eher, wie der gesetzliche Rahmen in der Praxis ausgeschöpft werden kann, denn Ärzte haben oft noch verinnerlicht, jeden Tag um jeden Patienten zu kämpfen.« Die neue Kieler Mediziner-Generation wächst nun mit der Wissensvermittlung der jungen Professorin heran: »Ich sage meinen Studenten immer, dass sie den Tod auch zulassen dürfen. Ab einem gewissen Punkt sollten sie ihm nicht im Weg stehen.«

Das Ende des Lebens ist ein Thema, mit dem sich irgendwann jeder beschäftigt. Alena Buyx beschäftigt sich darüber hinaus mit solidarischer Medizin oder Bürgerbeteiligung bei der Medikamentenforschung. Es ist faszinierend, was und wie sie mit großer Leidenschaft zu erzählen versteht. Nicht nur für Ärzte.

* ERSTE PROFESSORIN ERST 1966

Die 1665 gegründete Christian-Albrechts-Universität musste 301 Jahre alt werden, ehe mit der Juristin Hilde Kaufmann die erste Frau auf einen ordentlichen Lehrstuhl berufen wurde. Bereits 1899 konnte sich die Archäologin Johanna Mestorf an der CAU immerhin Honorarprofessorin nennen. Habilitieren durften Frauen in Deutschland erst nach 1918. Die erste ordentliche Professorin der Republik war 1923 Margarete von Wrangell, Chemikerin an der Universität Hohenheim. Verglichen mit anderen Ländern Europas hat Deutschland mit 15 Prozent noch immer einen relativ niedrigen Professorinnen-Anteil. Deutlich höhere Werte erreichen Rumänien (36 %) und Lettland (32 %). An der CAU erzielte die Philosophische Fakultät 2015 mit 22,4 Prozent die höchste Frauenquote, in den Agrar- und Ernährungswissenschaften waren es nur zwei von 26.

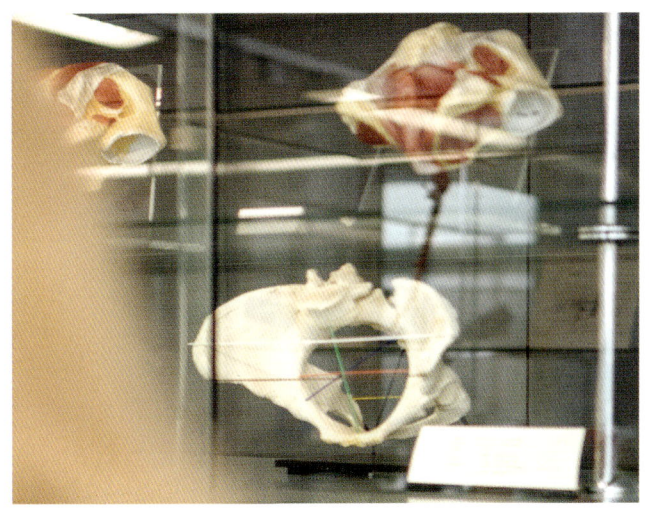

1669

MIT DER NATUR PER DU

Susanne Petersen wacht im Botanischen Garten über 14 000 Pflanzenarten

Wer Pflanzen liebt, der kann Susanne Petersen nur beneiden. Tagein, tagaus ist sie von exotischen Schönheiten, spröden Raritäten, Mimosen und Preziosen umgeben. Jeden Tag sieht sie als stellvertretende technische Leiterin im Botanischen Garten in Kiel die Wunder der Natur. Obwohl sie hier schon seit 1994 arbeitet, gibt es immer neue Überraschungen. »Man kann nur staunen«, sagt sie und stiefelt auch schon los, um ihre Welt zu zeigen. 14 000 Pflanzenarten wachsen am Rande des Universitätsgeländes.

Im Gewächshaus werden die Besucher von lautem Quaken und Pfeifen empfangen. »Das sind unter anderem unsere Pfeilgiftfrösche«, sagt sie, ohne mit der Wimper zu zucken. Huch! Sind die nicht extrem giftig? Sie muss lachen. »Nur wenn sie giftige Ameisen essen. Und die kriegen sie hier nicht.« Außerdem seien sie eh im Terrarium. Es geht vorbei an drei großen Butterbäumen. »Das ist was ganz Besonderes«, sagt sie. »Sie sind 500 Jahre alt.« Wer keine Ahnung hat, wundert sich. Diese verschrumpelten, hässlichen Bäume, bei denen gerade die goldene Rinde abblättert und die zurzeit kein einziges Blatt tragen, sollen toll sein? »Sie können enorm viel Wasser speichern und haben Früchte wie Weintrauben«, schwärmt Susanne Petersen. Mit viel Sorgfalt wurden sie damals aus dem alten Botanischen Garten hier in die Uni-Nähe gebracht. »Durch die große Fachkenntnis der Gärtner gedeihen sie bis heute prächtig.«

Die Liebe zu Pflanzen hat die 1963 geborene Susanne Petersen von ihrer Mutter geerbt. »Sie weiß fast alles und baut immer noch ihr eigenes Gemüse an.«

Nach dem Abitur in Flensburg machte Susanne Petersen eine Gärtner-Ausbildung in einer Baumschule in Pinneberg. Dann folgte das Biologiestudium in Kiel. Um Geld zu verdienen, jobbte sie im Botanischen Garten. Bevor sie mit der Doktorarbeit loslegen konnte, wurde die Frau mit dem grünen Daumen abgeworben und fest angestellt. »Ein Glücksfall für mich«, sagt sie. »Eine bessere Aufgabe kann ich mir nicht vorstellen.«

In den Gängen wuseln immer wieder kleine Zwergwachteln zwischen kletterndem Pfeffer, Nelkenbaum und vier Meter hohen Schachtelhalmen herum. »Die fressen hier die Kellerasseln weg«, sagt sie, »sehr, sehr praktisch.« Bei der Aufklärung eines Todesfalls waren Susanne Petersen und ihr Team auch schon behilflich. »Von der Rechtsmedizin bekamen wir mal eine Socke mit Fußknochen und Tannennadeln. Die suchten den Rest der Leiche und wollten dafür den Nadelbaum bestimmt haben«, erzählt sie. Klar konnten die Biologen helfen.

Ob die Grünpflanzen bei ihr zu Hause auch so üppig wachsen und gedeihen? Sie muss lachen: »Bei uns ist es eher übersichtlich. Die Absprachen in der Familie könnten, wie überall, besser sein: Mal wird zu viel gegossen, mal zu wenig.«

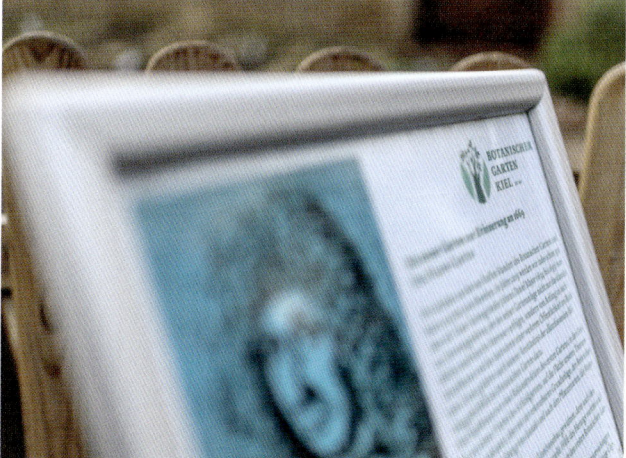

* 120 000 BESUCHER STAUNEN JEDES JAHR

Botanische Forschung wurde in Kiel schon immer großgeschrieben. Insgesamt fünf verschiedene Anlagen gab es in den vergangenen knapp fünf Jahrhunderten. Schon bei der Gründung der Kieler Uni 1665 wurde gleich ein »hortus botanicus« ausgehandelt, der 1669 von dem Mediziner Johann Daniel Major (1634-1693) im Kieler Schlossgarten umgesetzt wurde. 1727 wurde ein zweiter Standort im Kloster an der Falckstraße angelegt, 1802 in der Prüne. Beide Gärten existieren nicht mehr. 1873 entstand die Anlage am Schwanenweg, die heute noch als Park zum Lustwandeln einlädt und einen wunderschönen alten Baumbestand hat. Die tollsten Pflanzen finden die Kieler aber seit dem 6. Juni 1985 direkt in Uni-Nähe. Sogar die weltberühmten Butterbäume, die 1923 nach Kiel kamen, überleben in den Schaugewächshäusern bei wohligen Temperaturen. Sie sind auch im Logo des Botanischen Gartens zu finden und am Eingangstor.

1695

FÜR DEN ZEITGEIST

Jörg Gamm sieht als Architekt die Stadt mit anderen Augen

»Wo geht's denn hier zum Schloss?« Vorm Architekturstudium hätte Jörg Gamm auf diese Frage keine Antwort gewusst. Ja, den Konzertsaal kannte er. Aber das Schloss? »Erst im Studium wandelte sich mein Blick für Architektur und Gestaltung«, erzählt er. »Dabei habe ich gelernt, nicht zu werten, sondern die Formen für sich sprechen zu lassen. Und es gab für mich plötzlich Nachkriegsbauten mit Stil.« Mit der Kamera hat der Schilkseer viele Ecken und Bauten festgehalten. Im Auftrag der Stadt hat er über Monate den Austausch der alten Gablenzbrücke dokumentiert, genauso wie den Bau des Bootshafens in der Innenstadt.

»Architektur entspringt aus dem aktuellen Zeitgeist«, sagt er und fügt hinzu, dass nur leider das Akzeptieren in der Bevölkerung oft etwas später folge. »Was wir heute schrecklich finden, wird vermutlich unseren Urenkeln gefallen und entspringt vielleicht dem Drang, bewahren zu wollen.« Schon in der Gründerzeit im 19. Jahrhundert habe das ganze Bürgertum wegen der hässlichen Bauten aufgeschrien. »Es gibt scheinbar immer eine gewisse Diskrepanz zwischen moderner Architektur und unserer Identifikation mit diesen Gebäuden – vielleicht weil Gebäude dauerhafter sind als andere Moden.«

Über Umwege ist Jörg Gamm, Jahrgang 1960, Architekt geworden. Nach der Hauptschule lernte er zunächst Dreher bei MaK, besuchte danach die Berufsaufbauschule. »Ein wichtiges Jahr für mich«, sagt er. »Hier lernte ich zu hinterfragen. Das gesamte politische Spektrum war in unserer Klasse lautstark vertreten. Das war ziemlich spannend.« Noch während des Studiums in Eckernförde plante er unter anderem mit am Kieler Klosterkirchhof. An der Universität ist er in der strategischen Bauplanung tätig.

Dass Jörg Gamm eine eher entspannte Sicht auf die Dinge hat, liegt vielleicht auch an seiner Nähe zum Yoga. Mit Anfang 40 machte er eine Ausbildung zum Yogalehrer, unterrichtet inzwischen drei Gruppen. In seiner Freizeit lässt er sich mit der Kamera durch die Stadt treiben. Immer auf der Suche nach Impressionen, besonderen Perspektiven und Momenten. »Dank meines Studiums kann ich Qualitäten erkennen und sehen, welcher Architekt gute Lösungen gefunden hat«, sagt er und zeigt auf seinem Laptop ein paar Fotos. Unter anderem tun sich da dem Betrachter auch völlig neue Sichtweisen auf: Das Laboer-Ehrenmal schiefwinklig abgelichtet. Schaufensterpuppen durch die Scheibe fotografiert, sodass sich die umliegenden Häuser darin spiegeln. Eine spitze Häuserecke mit dramatischer Wolkenformation dahinter.

Mit Wohlwollen schaut er mittlerweile auch auf das Kieler Schloss. Gamm: »Die Formsprache der 60er-Jahre wurde beim neu gebauten Ostflügel konsequent umgesetzt, das entsprach dem Zeitgeist unserer Stadtväter.« Und der Zeitgeist sei geprägt durch die Impulse der Gesellschaft – also auch durch uns.

* VIER WÄNDE FÜR EINE WITWE

*Auf einer alten Stadtansicht von Johan Greve von 1585 sieht man noch das Kieler Schloss,
wie es einst war: groß, mächtig, imposant. So wie es sich für ein Schloss gehört. In der
Mitte des 13. Jahrhunderts hatte an diesem Platz zunächst nur eine Burg gestanden, die im
16. Jahrhundert dann zu einem Renaissanceschloss erweitert und umgebaut wurde. Doch
die einstige Herzogresidenz, in der sogar ein späterer russischer Zar geboren wurde, stand
über all die Jahrhunderte nicht immer unter einem guten Stern. Es gab Kriege, Finanznöte,
rigorose Umbaumaßnahmen und Feuer. Heute erinnert nur noch der sogenannte Pelli-Bau
(irrtümlich auch Rantzaubau genannt) an die einstige Blütezeit. Der italienische Festungs-
baumeister Domenico Pelli hatte hier 1695 für Friderica Amalia, die Frau des verstorbenen
Herzogs Christian Albrecht, einen zweiflügeligen Witwensitz geschaffen.*

OBERBÜRGERMEISTER MIT HAUT UND HAAREN

Ulf Kämpfer hat mit Asmus Bremer erstaunliche Gemeinsamkeiten

Asmus Bremer ist ein legendärer Kieler Bürgermeister aus dem 18. Jahrhundert. Ein Platz in der Innenstadt trägt seinen Namen, dort sitzt er seit 1982, nachdenklich und in Bronze, die Symbolfigur des Kieler Umschlags ist er auch. Asmus Bremer hat einiges mit Ulf Kämpfer gemeinsam. Er war Jurist, ihm lag die wirtschaftliche Entwicklung der Stadt und ihres Hafens am Herzen, und er galt als volksnah. All das könnte man auch über den aktuellen Kieler Oberbürgermeister mit SPD-Parteibuch behaupten, ohne sich in der Ratsversammlung einen Widerruf der Opposition einzuhandeln. »Herr Kämpfer, das ist ein richtig Guter«, hat einmal ein Kieler Unternehmer, der eher nicht die Sozis wählt, voller Überzeugung gesagt.

Herr Kämpfer, als Fußballer einst eher robuster Natur, sitzt entspannt in seinem Dienstzimmer und reagiert filigran. Der Hafen? Ist doch schon eine Erfolgsgeschichte. Volksnah? Allenfalls im Sinn von nicht abgehoben und zugänglich. Und dass er promovierter Jurist ist, scheint ihm nicht sonderlich wichtig zu sein. Mit »Herr Doktor« muss man ihn jedenfalls nicht ansprechen. Nein, der Vorgesetzte von 5000 Mitarbeitern und weiteren 4000 in städtischen Betrieben wirkt keinesfalls wie ein elitärer Chef. »Ich habe mal aus Spaß gesagt, ich sei ein Hybrid aus Grüß-Gott-Onkel und Aktenfresser«, schmunzelt der frühere Kieler Amtsrichter, »aber da ist schon was dran.« Bevor er Stadtoberhaupt wurde, war er Staatssekretär von Umweltminister Robert Habeck, mit dem er eng befreundet ist. »Damals musste ich keine abschließenden Entscheidungen treffen, dafür hält der Minister seinen Kopf hin. Insofern war mein Wechsel ein Experiment, nun stehe ich in der Verantwortung«, sagt er und hat nach drei Jahren registriert: »Ich bin mit Haut und Haaren OB, wenn man das nicht kann, ist man nicht lange in diesem Amt.« Es ist zugleich ein Amt, das ihn verändert hat. Bei einem Familienfest zu Beginn des Jahres staunten Onkel und Tanten, wie gesprächig der schon immer nette Ulf geworden sei. »Ja, man wird schon facettenreicher als OB, und man kriegt ein dickeres Fell«, räumt Kämpfer, der gerne mit dem Rad unterwegs ist, ein. Das Experiment hält er für geglückt, doch es koste Kraft und sei zeitintensiv. Dies mit der Familie in Einklang zu bringen, sei eine Gratwanderung, doch es scheint zu gelingen. Jedenfalls möchte er 2020 gerne wiedergewählt werden.

Denn OB zu sein, das macht auch Spaß. Besonders in einer aufstrebenden Universitätsstadt wie Kiel. »Wir gehören zu den Schwarmstädten in Deutschland, wir werden für Kreative und Künstler, Wissenschaftler oder IT-Fachleute immer interessanter«, schwärmt Ulf Kämpfer. Wissenschaft und Wirtschaft zu fördern, stehe in seinem Pflichtenheft. Ähnlich wie bei Asmus Bremer, der ihm als vierfacher Vater viel voraushatte. Da endet die Gemeinsamkeit. »Drei Kinder«, sagt der Vater eines Sohnes, »das schaffe ich nicht mehr.«

* ZWEI VOLKSNAHE STADTCHEFS

Wann Asmus Bremer geboren wurde, ist nicht überliefert. Bekannt ist, dass er 1670 an der Christian-Albrechts-Universität begann, Rechtswissenschaften zu studieren und anschließend als Anwalt und Richter arbeitete. 1702 wurde er zum Kieler Bürgermeister gewählt, übte dieses Amt jedoch im jährlichen Wechsel mit Michael Pauli aus. 1711 fiel er bei Herzog Karl Friedrich in Ungnade, durfte sein Amt allerdings 1713 wieder übernehmen und blieb bis zu seinem Tod 1720 ein volksnaher Stadtchef. Ulf Kämpfer wurde 1972 in Eutin geboren, studierte nach dem Abitur in Plön ebenfalls Jura und wurde auch Richter. Vor seiner Wahl zum 19. Oberbürgermeister Kiels im März 2014 arbeitete er knapp zwei Jahre als Staatssekretär von Umweltminister Robert Habeck. Ulf Kämpfer ist mit der Grünen-Politikerin Anke Erdmann verheiratet und hat einen Sohn.

1750

FISCHE IM KOPF

*Daniel Gieseler und Philipp Dornberger
haben ein Herz für Seemänner und Hafenjungen*

Das stürmische Meer direkt vor der Haustür kann ziemlich inspirierend sein. Daniel Gieseler und Philipp Dornberger sind zwar keine echten Kieler Sprotten, haben aber seit Jahren nur noch Fische im Kopf. 2012 eröffnen sie die inzwischen mehrfach preisgekrönte Fischbar an der Kiellinie, wo es Fischbrötchen mit Kultcharakter gibt. Seit Dezember 2016 ist nun der »Hafenjunge« dazugekommen. Die Kieler Fischer von einst wären begeistert gewesen. Eine der ältesten Kneipen Kiels direkt am Dreiecksplatz ist zur urigen Seemannsspelunke voller witziger Details geworden.

»Erstaunlicherweise gibt es auch eine geschäftliche Liebe auf den ersten Blick«, erzählt Philipp Dornberger grinsend. »Daniel ist Restaurantfachmann, ich Projektleiter im Marketing. Wir ergänzen uns perfekt. Außerdem sind wir beide 1980 geboren und vom Sternzeichen Fisch.« Dass sich die Wege der beiden kreuzen würden, war eigentlich äußerst unwahrscheinlich. Daniel Gieseler ist in Lütjenburg aufgewachsen, hat in Hohwacht gelernt und baute später die Campus Suite mit auf. Philipp Dornberger stammt aus Unterfranken, hat im Adlon in Berlin, auf der MS Europa, in London und Sydney gearbeitet. Die Liebe spülte ihn schließlich an die Kieler Förde, wo die beiden seitdem im Meer der kreativen Ideen schwimmen.

An die kleine Kneipe, die früher »Alte Bierstube« hieß, gerieten die beiden eher durch Zufall. Eine Stammkundin der Fischbar ist die Besitzerin. Man kam ins Gespräch. In-

nerhalb von wenigen Tagen wurde umgebaut. Holzplanken aus Esche wurden in Essig und Stahlwolle eingelegt, damit sie Patina bekommen. Ein Modellschiff fürs Schaufenster wurde ersteigert. Hinzu kamen alte Ölgemälde mit wettergegerbten Seemännern, Anker, Ruderblätter, Taue, Seekarten.

Die beiden Geschäftspartner schwelgten im Maritimen. Sie entwickelten Bio-Brotchips, die mit Meersalz besprüht zur Delikatesse werden. Ein Freund zeichnete einen Seemannskopf als Logo. Das Klo tauften sie »Poop Deck«, und hinter dem einen oder anderen Bullauge versteckten sie eine Überraschung. »Wir hatten hier unglaublich viel Spaß am Gestalten«, sagt Daniel Gieseler und reicht eine Postkarte über den Bartresen. »Apropos Möwe: Möwie noch einen?« steht drauf. »Die Idee kam mir eines Nachts«, erzählt er. »Wer schwankt, hat mehr vom Weg« lautet ein anderer Spruch.

Viel Zeit in der Kneipe, die übrigens eine Raucherkneipe geblieben ist, verbringen die beiden allerdings nicht. »Das läuft nun«, so Philipp Dornberger. Man gut, denn als frisch gekürter Leiter des Kieler Woche-Büros hat er sowieso alle Hände voll zu tun. Aus der Jukebox ertönen die Beatles, »Yellow Submarine«. Es blubbert im Ohr. Es gluckert in der Kehle. Draußen fegt ein kalter Ostwind über Kiel hinweg. Die Fischer müssten jetzt raus aufs Meer. Wir dagegen bestellen noch einen Schnaps.

* MIT GERÄUCHERTEN SPROTTEN AUF ERFOLGSKURS

Schon im 18. Jahrhundert war Kiel für seine geräucherten Sprotten bekannt. Der wichtigste Fischer-ort war Ellerbek, damals noch ein Dorf vor den Toren Kiels in direkter Ufernähe. 1897 gab es hier 34 Fischräuchereien. Die Ware wurde ins gesamte Deutsche Reich versandt. Im Jahr 1926 wurde auf Dosenfisch umgestellt. Die Firma Nordland produzierte täglich bis zu 160 000 Dosen Fisch und gehörte zu den größten Arbeitgebern Kiels. 1948 gab es 315 einheimische Fischer und 528 aus den Ostgebieten geflüchtete Fischer in der Landeshauptstadt. In diesem Jahr entstand an der Schwen-tinemündung der neue Seefischmarkt. Er ersetzte die alte Fischhalle (erbaut 1910), in der heute das Schifffahrtsmuseum beheimatet ist. Allerdings war die Konkurrenz von der Nordsee groß, und es setzte sich immer mehr Tiefkühlfisch durch. Die letzte Fischfabrik wanderte 1984 aus Kiel ab.

KÖNIG IN DER KANZLEI

Honorarkonsul Arno Witt ist begeistert von Norwege(r)n

Wo gibt es denn so was? Ein norwegischer Honorarkonsul, der nicht fließend Norwegisch spricht? »Anfangs hatte mich die Anfrage auch ziemlich überrascht«, sagt Arno Witt lachend. »Es ist schon eine Ehre. Inzwischen weiß ich, es passt.« 2014 war es, da fragte Carl-Christian Ehlers, der bisherige Honorarkonsul des Königreichs, an, ob sich Arno Witt eine Nachfolge vorstellen könne. Klar konnte er. Schließlich hörte er schon als Jugendlicher auf einer seiner ersten Langspielplatten die Peer Gynt Suiten des Norwegers Edvard Grieg. »Das Land ist toll. Natürlich sagte ich zu.«

Davor allerdings muss noch die norwegische Botschafterin überzeugt werden. Aber auch das gelingt, denn Arno Witt (Jahrgang 1961) verfügt über das, was für so einen Posten dringend erforderlich ist: Kontakte. Als Kieler Anwalt für Verwaltungsrecht, Mediator und einstiges Ratsmitglied für die CDU ist er einfach perfekt geeignet, um zwei Länder miteinander zu vernetzen. Seit Oktober 2016 ist der Kieler offiziell im Amt. Die Landeshauptstadt ist dabei äußerst wichtig für die Beziehungen, denn sie ist der einzige Standort mit direktem Schiffsverkehr zwischen Deutschland und Norwegen. Mehr als eine Million Menschen reisen jährlich mit der Fähre zwischen Kiel und Oslo hin und her.

In der Kanzlei von Arno Witt hängt nun ein Bild von König Harald im Besprechungszimmer, ein kleines Kästchen mit norwegischen Dokumenten-Stempeln ist bei seiner Sekretärin in der Schublade gelandet, und zu Hause wartet ein Schnellsprachkurs auf CD auf lernwillige Ohren. »Wenn ich am Wochenende aufräume und putze, kann ich gut Norwegisch lernen«, erzählt er. Auf etlichen Veranstaltungen hat er inzwischen das Königreich vertreten. Ein kleiner bunter Pin am Sakko, den er im Internet erstanden hat, sorgt dabei immer schnell für Gesprächsstoff. Der Anstecker zeigt den norwegischen Löwen aus dem Wappenschild.

Von den Norwegern, die er bisher kennengelernt hat, ist Arno Witt begeistert. »Trotz der dunklen Flecken auf unserer gemeinsamen Vergangenheit bin ich immer wieder überrascht, mit wie viel Wertschätzung, Achtung, Respekt und Zuversicht Norwegen auf Deutschland guckt«, sagt er. Und viele Schleswig-Holsteiner wundern sich, dass wir bis 1814 eine 350 Jahre lange Geschichte miteinander teilen. Witt: »Die erste norwegische Verfassung war sogar Vorbild für unsere Verfassung von 1848.«

Seitdem Arno Witt den ehrenamtlichen Posten übernommen hat, ist sein Leben bunter geworden. Er lernt interessante Menschen kennen, wenn er Beglaubigungen und Passanträge bearbeitet. Bei den nordischen Filmtagen war er schon. Als Nächstes möchte er Kontakte zu Jazzmusikern und Literaten knüpfen. Und: Eine erste Kurzreise in den Norden ist schon absolviert. Zusammen mit seiner Frau Ariane machte er eine kleine Opernkreuzfahrt nach Oslo. Ein Honorarkonsul, der nicht fließend Norwegisch spricht? Das ist dann auch nur noch eine Frage der Zeit.

AN DIESER
STELLE STAND
DER BUCH-
WALDSCHE HOF
1621 ERRICHTET
ALS ADLIGER
FREIHOF
1944 IM KRIEGE
ZERSTOERT
1814 WURDE
HIER DER
KIELER FRIEDE
ZWISCHEN
DAENEMARK
SCHWEDEN
UND ENGLAND
GESCHLOSSEN

* KIELER FRIEDEN 1814

Ganz versteckt zwischen Warleberger Hof und dem neuen Kirchenamt steht die Stele des Kieler Friedens in der Dänischen Straße. Dabei ist das Ereignis, an das erinnert wird, von herausragender Bedeutung. Die am 14. Januar 1814 hier im damaligen Adelssitz (Buchwaldscher Hof) abgeschlossenen Friedensverträge sorgten für eine neue Machtverteilung in Nordeuropa. Die Verträge beinhalteten neben dem Frieden zwischen Dänemark und Schweden auch den Friedensschluss zwischen Dänemark, Preußen und Russland. Das durch einen Staatsbankrott geschwächte Dänemark musste auf das Königreich Norwegen zugunsten Schwedens verzichten und wurde so zu einer unbedeutenden Mittelmacht im Ostseeraum herabgestuft. Der Kieler Frieden gilt als wichtiger Meilenstein auf dem Weg zur Souveränität Norwegens.

1830

WO HEINZ ERHARDT
AUS DER KURVE FLOG

Ute Löding-Schwerdtfeger wandelt gerne auf historischen Pfaden

Der Tag, an dem Heinz Erhardt bei Bordesholm etwas zu rasant über die Chaussee Altona-Kiel fuhr und im Graben landete, ist nicht überliefert. Ute Löding-Schwertfeger muss bei dieser Frage passen. Aber die Geschäftsführerin des Schleswig-Holsteinischen Heimatbundes weiß, dass seit diesem Vorfall Anfang der 1960er Jahre die betreffende Stelle Heinz-Erhardt-Kurve heißt. Ja, die alte Chaussee ist ein gepflastertes Stück Landesgeschichte, und wenn sie reden könnte, würde sie Anekdoten wie diese über den Hamburger Humoristen erzählen.

Um die Historie der ehemaligen Handelsstraße kümmern sich ehrenamtlich Tätige, insbesondere Heinrich Kautzky, Mitarbeiter des Heimatbundes, dessen Geschäftsführerin Ute Löding-Schwerdtfeger ist. Die promovierte Agrarwissenschaftlerin rührt in ihrem Kaffee, nippt an der Tasse und erläutert sodann, was die Aufgabe des Dachverbandes von 240 Organisationen wie Tanz- und Trachtengruppen, Museen und Naturschutzorganisationen oder niederdeutschen Theatern ist. »Wir erfassen und bewahren die Kulturgeschichte von Schleswig-Holstein und machen sie erlebbar«, sagt die gebürtige Lübeckerin, die zwei VHS-Plattdeutschkurse absolviert hat, um bei diesem Thema mitreden zu können. »Es reicht nur zum Lesen, aber ich weiß, dass man auf Platt besser schimpfen kann als auf Hochdeutsch«, lacht sie. Zurück zur Chaussee Altona-Kiel. Die Beschäftigung mit deren Geschichte hat Professor Holger Gerth, Präsidiums-

mitglied des Heimatbundes, einmal so formuliert: »Die historische Allee ist die erste befestigte Straße im Lande, hat als grünes Band durch Schleswig-Holstein eine hohe ökologische Bedeutung und ist ein kulturelles Denkmal. Die drei Säulen des Heimatbundes – Geschichte, Kultur und Natur – finden sich in dieser Chaussee wieder.« Ute Löding-Schwerdtfeger findet es hochinteressant, was es so alles zu entdecken gibt. Auch wenn es betrübliche Begebenheiten wie die Cholera-Epidemie während der Bauzeit oder die Evakuierung von 800 KZ-Gefangenen im April 1945 sind: Auf dem Todesmarsch vom KZ Fuhlsbüttel ins Arbeitserziehungslager Nordmark in Hassee erschossen SS-Bewacher etliche Häftlinge. Dass Waldorfschüler in Neumünster eine Erinnerungstafel für einen ermordeten russischen Soldaten aufstellten, erfreut die Geschäftsführerin: »So wird Geschichte greifbar gemacht.«

Rund 1200 Alleebäume sind an der Chaussee seit 2008 gepflanzt worden, die alten Meilensteine werden gepflegt. »Manche Objekte waren verschüttet, andere mussten ausgegraben werden, da sie teilweise eingesunken waren«, erzählt Ute Löding-Schwerdtfeger, die gerne auch mit ihrem Mann und den beiden Töchtern auf historischen Pfaden wandelt: »Nur wenn man die Geschichte kennt, kann man die Gegenwart verstehen.« Das hat schon August Bebel gesagt, vor über hundert Jahren. Aktuell ist es noch immer.

* DIE FAHRT DAUERTE EINST ZEHN STUNDEN

Die etwa 91 Kilometer lange Chaussee von Kiel nach Altona, entstanden zwischen 1830 und 1832, war die erste Straße in Schleswig-Holstein, die professionell geplant und zweispurig gebaut wurde, damit entgegenkommende Pferdefuhrwerke nicht ausweichen mussten. Um die Kosten von knapp einer Million dänischer Reichsthaler zu finanzieren, wurde bis 1874 an Schlagbäumen Wegegeld erhoben. Die Fahrt über die Chaussee, die von Kiel über Neumünster und Bad Bramstedt nach Altona verläuft, dauerte damals mit einem Vierspänner rund zehn Stunden. Die zwölf Meilensteine – eine Meile entsprach vor knapp 200 Jahren 7,5 Kilometern – zeigen die Entfernung nach Altona und nach Kiel an und tragen die Initialen des Auftraggebers König Frederik VI. von Dänemark. Der erste Granitstein steht in Kiel am Rondeel, dem Beginn der Alten Lübecker Chaussee.

»KANZLERIN« MIT ZARTER HAND

*Monika Frahm bedient in schwindelerregender
Höhe die Kräne der Werft*

Allein unter Männern. Für Monika Frahm das Normalste der Welt. Die zierliche Frau mit den roten Haaren ist Kranfahrerin, genauer gesagt Portal-Drehwippkran-Fahrerin. »Das bedeutet, ich kann sämtliche Kräne fahren, die es gibt«, sagt sie. Die kleine Frau mit den frisch lackierten Fingernägeln schnappt sich ihren gelben Helm. Dann geht es auch schon rund 80 Meter in die Höhe zur gläsernen Kanzel. Das Wahrzeichen Kiels ist ihr Arbeitsplatz.

Von fast jeder Ecke unserer Stadt kann man den über 110 Meter hohen und 163 Meter langen blauen Kran sehen. HDW stand hier einst drauf, heute German Naval Yards. Die Namen können sich ändern, aber die Tradition und mit ihr die Arbeiter bleiben. Wenn man ein ganz starkes Fernglas hätte, könnte man der 1952 geborenen Monika Frahm bei der Arbeit zusehen. Zufrieden sitzt sie in schwindelerregender Höhe, die mitgebrachten Pausenbrote in Reichweite, und bedient die vielen Knöpfe und Hebel. Präzisionsarbeit ist hier oben gefragt. Für den Notfall steht eine kleine Campingtoilette in der Abseite.

»Ich liebe meinen Beruf«, sagt sie. Zusammen mit ihren fünf männlichen Kollegen bedient sie nach Bedarf alle sechs Kräne auf dem Werftgelände. Bis zu 900 Tonnen schwere Teile werden bewegt. Alle sind ein eingespieltes Team. »Man muss in dem Beruf 100 Augen haben«, sagt sie. Jeden Tag aufs Neue ist sie mit Leib und Seele dabei. Gelernt hat sie in Stralsund vor der Maueröffnung.

»Da gab es fast nur Frauen als Kranfahrer«, sagt sie. Dann kommt die Werftenkrise. Über eine Zeitarbeitsfirma landet sie 1998 in Kiel und wird auf der Werft fest eingestellt. Ihr Chef, Martin Heß, ist begeistert. »Sie hat ein Händchen für die Kräne«, lobt er. »Sie besitzt die Ruhe und hat den Überblick.«

Dass Monika Frahm nichts erschüttern kann, zeigt sich immer wieder. Routiniert lässt sie riesige Stahlteile durch die Luft schweben und setzt sie millimetergenau unten im Dock ab. »Mein Teamkollege, der Anschläger, ist auf dem Boden aber genauso wichtig. Der sagt mir ja über Funk, wo ich hin muss«, sagt sie bescheiden. Einmal ist der Fahrstuhl, der sie von der Kanzel nach unten bringen soll, kaputt. Auch hier bleibt sie ruhig. Sie klettert einfach die Metallstufen bis ganz nach oben in den Kran, überquert den blauen, innen hohlen Querträger zu Fuß und nimmt 20 Minuten später den Fahrstuhl auf der anderen Seite. Angst verspürt sie dabei nicht. »Ich habe eher Angst davor, aufzuhören«, sagt sie nachdenklich.

Noch aber genießt sie jeden Tag. Sie sieht die tollsten Sonnenaufgänge. Sieht, wie die Schiffe unter ihr wachsen und irgendwann wegschwimmen. Auch die »Sailingyacht A«. »Ein unglaubliches Schiff«, sagt sie bewundernd. »Es ist faszinierend zu sehen, wie etwas Großes entsteht.« Im Ruhestand will sie ihren Mann zu einer Kreuzfahrt überreden. Ein Leben ohne Schiffe ist denkbar, aber für sie unmöglich.

* VON KRIEGEN, KRISEN UND FAST-PLEITEN

Eines der größten deutschen Werftengelände hat seine Keimzelle in einer kleinen Eisen-
gießerei, die 1838 von dem Kieler Kaufmann Johann Schweffel und dem Mechaniker August
Ferdinand Howaldt gegründet wurde. Die Geschichte ist geprägt von Kriegen, Krisenzeiten
und Fast-Pleiten. Aber auch von vollen Auftragsbüchern. So sorgen technisch anspruchs-
volle Spezialschiffe und U-Boote mit Brennstoffzellen für weltweite Aufmerksamkeit.
Heute werden auf dem Gelände durch die Thyssen Krupp Marine Systems (TKMS) U-Boote
gebaut. Diese tragen weiterhin HDW in ihrem Markennamen. Zudem entstehen unter
dem Kran der German Naval Yards Kiel GmbH wieder Marineschiffe. Aufsehenerregende
Megajachten werden im Dock 8 auf Kiel gelegt, gemeinsam geplant und gebaut mit der
zur German-Naval-Yards-Gruppe gehörenden Nobiskrug-Werft in Rendsburg.

1843

DER MANN MIT DEM FOTO-GEN

Bernd Renard hält die Erinnerung an eine Fotografen-Dynastie wach

Bei Günther Jauch wäre es vermutlich eine perfekte finale Frage für einen angehenden Millionär: Was verbindet Louis Daguerre, Ai Weiwei und Bernd Renard? Nun, Daguerre, der Franzose, erfand 1839 ein Fotografie-Verfahren auf versilberter Kupferplatte, die nach ihm benannte Daguerreotypie. Von Ai Weiwei, dem chinesischen Konzeptkünstler, gibt es ein legendäres Foto, das ihn im Pekinger Gefängnis mit einer Glühbirne zeigt. Er nannte den Handy-Schnappschuss »Die Erleuchtung« und wollte das Bild gerne auf einer Platte verewigt sehen. So kam Bernd Renard 2014 ins Spiel, der noch heute den daguerrschen Entwicklungsprozess mit Chemikalien beherrscht. Der Kieler erfüllte Ai Weiweis Wunsch. »Es war kein großer Auftrag, aber es war schon ein besonderes Gefühl, für so einen bedeutenden Künstler tätig sein zu dürfen.«

Bernd Renard ist der Spross einer besonderen Fotografen-Familie. Sein Ururgroßvater Gregorius, aufgewachsen auf dem Friedrichshof bei Gut Knoop, kam 1840 als Kunststudent in Kopenhagen in Kontakt zur brandneuen Entwicklung von Louis Daguerre. Der Maler und Bildhauer war fasziniert und verdiente 1845 als Wander-Daguerreotypist in Schleswig-Holstein so viel Geld, dass er zwei Jahre später in Kiel sein Fotostudio eröffnen konnte. Kunden mussten Zeit und Muße mitbringen, denn bis ein scharfes Konterfei im Kasten war, hieß es still zu sitzen – die Belichtungszeit betrug einige Minuten.

Gregorius Renard lichtete nicht nur Menschen ab. Er war auch Marinefotograf. Als das erste U-Boot der Welt, der Brandtaucher, am 1. Februar 1851 beim Testlauf auf den Grund der Förde sank, stand Gregorius Renard am Ufer und fotografierte nach dem Auftauchen Konstrukteur Wilhelm Bauer und dessen Mitstreiter Friedrich Witt. Drei Söhne von Gregorius traten in seine Fußstapfen. Otto wurde zum Hoffotografen des Zaren Nikolaus II. Arthur übernahm 1885 das Studio in der Brunswiker Straße, und Waldemar betrieb ein Atelier im Sophienblatt mit teilweise 27 Gehilfen. »Ich finde auf Flohmärkten noch immer Fotos von ihm«, erzählt Bernd Renard, von dessen Opa Walther es ein Bild gibt, das ihn im Mai 1945 auf den Trümmern des Unternehmens in der Brunswiker Straße zeigt.

Die Renards blieben dem Metier treu. Bernd, im August 1945 geboren, erlernte den Beruf ebenfalls von der Pike auf. Bevor er 1970 seine Meisterprüfung ablegte, hatte er schon für die »Bravo« und »Eltern« gearbeitet. Später konzentrierte er sich auf Industrie- und Werbefotografie, arbeitete unter anderem für Hagenuk, die Lindenauwerft oder Sauer & Sohn. Mittlerweile nimmt er nur noch Spezialaufträge wie den der Hohenzollern wahr, spürt Relikte von deren ehemaligen Kaiserlichen Yacht auf, sammelt alte Kameras und kümmert sich um die Familiengeschichte. »Die finde ich total spannend«, sagt der unterhaltsame Erzähler Bernd Renard, der Mann mit dem Foto-Gen.

* CHRONISTEN MIT FOTOAPPARATEN

Das älteste noch existierende Fotostudio der Welt steht in Kiel. Gegründet wurde es 1843 von Gregorius Renard. In der Familie Renard gab es anschließend keinen Mann, der nicht den Umgang mit Fotoapparaten und Bildentwicklung professionell erlernt hätte. Bernd Renard, der Ururenkel von Gregorius, spricht von 50 Fotografen, die nach Norwegen, Schweden, Russland und Brasilien auswanderten. Bernd Renard hat 2008 das Geschäft in der Brunswiker Straße verkauft, da er keine eigenen Kinder hat. Inhaber ist inzwischen Moritz Wellmann, ein ehemaliger Auszubildender. Die Renards galten viele Jahrzehnte als wichtigste Fotografen in Kiel. Unter den rund 20 000 Fotos in ihrem Archiv gibt es Ablichtungen von Kaiser Wilhelm II. von Reichskanzler von Bismarck oder von US-Präsident Roosevelt, als er 1910 am Kieler Bahnhof eintrifft.

1857

ALTAR AUF DER TENNE

Silke Göttsch-Elten erforscht die Kultur unserer Vorfahren

Groß und stattlich steht es da, das alte Bauernhaus in Russee, das nun eine Kirche ist. Jeden Sonntag sitzen heute die Gottesdienstbesucher dort, wo einst die Kühe standen. Unzählige Hochzeiten finden hier statt. Silke Göttsch-Elten war hier erst kürzlich zu einer Taufe. Auch sie genießt den Anblick des alten Gebälks, des mächtigen Reetdaches. Silke Göttsch-Elten ist Professorin der Europäischen Ethnologie/Volkskunde an der Kieler Uni. Sie hat die Kultur unserer Vorfahren im Blick, deren Lebensverhältnisse und Bräuche. Aber auch die aktuelle Alltagskultur ist für sie ein wichtiges Forschungsfeld. Denn erstaunlicherweise hat alles irgendwie auch immer mit früher zu tun.

Die Kieler Professorin ist eine beliebte Gesprächspartnerin. So gibt sie Auskunft über den historischen Wandel des Muttertags, aber auch zu der Frage, warum heutzutage viel mehr Menschen Hunde als Haustiere halten als früher. Und sie macht sich Gedanken darüber, warum so viele Bürger gegen Windenergie Sturm laufen, obwohl doch eigentlich alle für alternative Energiequellen sind.

»Für eine Volkskundlerin liegen die Themen auf der Straße«, sagt Silke Göttsch-Elten. »Man muss nur genau hingucken.« Und meistens gebe es auch eine historische Perspektive zu bedenken. So auch bei der Windkraft. »Wir haben eine historisch gewachsene Vorstellung davon, wie eine harmonische Landschaft auszusehen hat«, erklärt sie. »Doch wir leben stets in Zeiten des Wandels. Die Dörfer und das Land werden immer mehr industrialisiert, die Stadt wird dagegen ländlicher.« Biomärkte und begrünte Innenstädte liegen im grünen Trend und Landlust-Zeitschriften boomen, überall wird der Verkehr beruhigt, sogar auf Hochhausdächern werden Bienenkörbe aufgestellt.

Das alte Bauernhaus in Russee sei ein gutes Symbol für den Wandel, zeige aber auch klar, wo wir herkommen. »Das hier ist ein Ort der Erinnerung an die Geschichte des früheren Dorfes«, sagt sie. »Kiel blüht in der Kaiserzeit mit dem Bau des Reichskriegshafens auf und wird rasch größer. Irgendwann kommt es zur Eingemeindung von Russee, Hammer und Gaarden. Der Dorfcharakter geht verloren.«

Aufgewachsen ist die Volkskundlerin übrigens selbst auf dem Land. »Mein Vater hatte einen landwirtschaftlichen Betrieb in Ostholstein.« Übernehmen wollten sie und ihr Bruder den Hof aber nie.

Wo kommen wir her? Was prägt uns? Was macht unsere Identität als Deutsche, Schleswig-Holsteiner oder Kieler aus? Das sind Fragen, die Silke Göttsch-Elten umtreiben. Denn so eindeutig, wie das auf den ersten Blick scheint, ist das mit den Identitäten nicht. Das weiß die Hobby-Köchin aus eigener Erfahrung – Sauerfleisch und indisches Curry schließen einander nicht aus, sondern zeigen, dass wir es im Alltag verstehen, historische Wurzeln mit Offenheit gegenüber neuen Erfahrungen zu verbinden.

* EIN BAUERNHAUS WIRD ZUM STAR

Der Russeer Landwirt Jürgen Friedrich Bierend (1815–1888) erbaut das Bauernhaus in der Rendsburger Landstraße im Jahre 1857. Vom Bautyp ist es ein Vierständer-Hallenhaus. Im Jahr 1872 verkauft er seine Hufe an Johann Butenschön. Seine beiden Töchter übergeben den Hof in den 1950er-Jahren dann an die Kirchengemeinde, die dringend Räumlichkeiten sucht. Gottesdienste werden bisher in der Schule abgehalten. Am 31. Januar 1954 ist der Umbau fertig. Das neue Gotteshaus wird unter dem Namen St. Gabriel-Kirche eingeweiht. Der Bildhauer Otto Flath aus Segeberg stiftet eine Holzfigur, einen segnenden Christus. 1970 wird Russee eingemeindet und wächst weiter. Ein eigenes Gemeindehaus wird gebaut, der Kirchraum vergrößert. Ein neuer Altar und ein Taufbecken des Hamburger Bildhauers Fritz Fleer werden angeschafft. Ein Altar auf einer Tenne? Das geht. Schon König David machte es einst vor.

1864

MIT DRUCK MUSS MAN UMGEHEN KÖNNEN

KN-Geschäftsführer Sven Fricke setzt auf Qualitätsjournalismus

Von erfolgreichen Spitzensportlern wird behauptet, sie könnten mit Druck gut umgehen. Von Sven Fricke muss man das nicht behaupten, es stimmt. Obwohl er nie ein medaillenwürdiger Athlet war. Er hat Druckereitechnik studiert und bei der »Bild«-Gruppe in Ahrensburg seine ersten Berufserfahrungen gesammelt, ehe er als Leiter und Geschäftsführer der Druckerei der Kieler Nachrichten die Vorstufe als Geschäftsführer der KN erklomm. Seit 2013 führt er nun die Geschäfte des Verlags. Die ganze Branche steht unter Druck. »Stimmt«, sagt Sven Fricke, »es gab sicherlich schon bessere Zeiten, aber das früher bei den Verlagen liegende Informationsmonopol existiert nicht mehr. Das gilt auch für das Fernsehen. Mit den neuen Medien verschwinden auf dem Markt der Information die Grenzen.«

Der Mann, der im nordhessischen Witzenhausen nahe der Grenze zur DDR aufgewachsen ist, wirkt dabei nicht, als trauere er dem Fall der Informations-Grenze nach. Die Zeiten sind nunmal so, also gilt es, die Herausforderungen anzunehmen und auf wichtige Fragen die richtigen Antworten zu finden. Sollten Facebook, Twitter & Co. die Meinungsbildung beherrschen? Wird Qualitätsjournalismus weiterhin von den Lesern honoriert? Erscheint die Zeitung der Zukunft nicht mehr auf Papier? Sven Fricke beschäftigt sich wie viele andere Kollegen intensiv mit solchen Themen – und er kommt zu klaren Schlüssen. »Verlage müssen weiterhin Verantwortung übernehmen, denn kostenfreie Angebote im Internet sind mit Vorsicht zu genießen. Die Leser wiederum müssen lernen, dass guter Journalismus nicht kostenlos sein kann, egal ob auf Papier oder am Bildschirm. Ich glaube fest an die Zukunft des bezahlten Journalismus.«

Glaubt er auch an die Zukunft der Zeitung, die in Kiel eine lange Geschichte hat? Es ist eine Frage wie eine Steilvorlage. Wenn es um Konzepte und Lösungen geht, ist Sven Fricke richtig in seinem Element. »Wir werden immer ein Zeitungsverlag sein, uns aber als Haus der unterschiedlichsten Medienangebote weiterentwickeln«, antwortet er, »wir sind ja schon dabei, den Weg zu unseren Informationen leichter und für viele barrierefreier zugänglich zu machen.« Das #KN_WLAN in Kiel war der Anfang, das Medienhaus baut nun mit Tochterunternehmen und Partnern das #SH_WLAN auf. Fricke: »Mit der Digitalisierung Schleswig-Holsteins machen wir den Weg frei für mehr und schnellere Information. Davon wird auch der ländliche Raum profitieren.« Doch auch in 30 Jahren werde die KN trotz ultradünner und biegsamer Displays noch gedruckt, da ist der Vater zweier Söhne sicher. Innovationen sind für ihn ein spannendes Thema: »Wenigstens aus diesem Grund würde ich gerne eher 200 Jahre alt werden, um zu erleben, welche Veränderungen uns noch voranbringen. Da treibt mich die Leidenschaft des Ingenieurs.«

* SEIT 1864 GIBT ES KIELER TAGESZEITUNGEN

1778 erschien erstmals ein Mitteilungsblatt in Kiel. Das erste Kapitel Kieler Zeitungsge-
schichte schrieb 1864 der Bankier und Politiker Wilhelm Ahlmann. Am 19. Juni 1864, einem
Sonntag, berichtete die »Kieler Zeitung« erstmals über das Geschehen in der damaligen
18 000-Einwohner-Stadt. 30 Jahre später kamen als Konkurrent die »Kieler Neueste
Nachrichten« auf den Markt, die 1936 in den Besitz von Curt Heinrich übergingen, der 1922
die Tochter des Verlegers geheiratet hatte. Während die »Kieler Zeitung« 1936 eingestellt
wurde, wurde Heinrich 1942 von den Nationalsozialisten enteignet. Am 21. März 1946 er-
teilte die britische Militärregierung vier Kielern die Lizenz für die »Kieler Nachrichten«,
darunter auch Curt Heinrich. Heute hält die Familie Heinrich 51 Prozent an den KN. Mit
49 Prozent ist die Verlagsgesellschaft Madsack aus Hannover beteiligt.

1868

WILMS WILL'S WISSEN

ARD-Moderator steht im Dienst der Wissenschaft

Dennis Wilms könnte es mit Sokrates halten (»Ich weiß, dass ich nichts weiß«), mit Isaac Newton (»Was wir wissen, ist ein Tropfen, was wir nicht wissen, ist ein Ozean«), aber mit einem Zitat von Johann Wolfgang von Goethe weiß er besonders viel anzufangen: »Nichts ist schrecklicher als ein Lehrer, der nicht mehr weiß als das, was die Schüler wissen wollen.« Wäre Wilms im Physik-Leistungskurs der zwölften Klasse des Gymnasiums Wellingdorf nicht auf einen Pauker getroffen, der ihm die Freude an dieser Naturwissenschaft so gründlich vermieste, dass er auf Französisch umstieg, so hätte er am liebsten Luft- und Raumfahrttechnik studiert. »Ich habe schon früh erfahren müssen, wie viel von einem Lehrer beziehungsweise seiner Motivation oder Persönlichkeit abhängig ist«, sagt der längst erwachsen gewordene Junge vom Ostufer, wirkt dabei jedoch nicht, als trauere er der verpassten Chance nach, als Wissenschaftler vielleicht mal ins Weltall entsandt worden zu sein.

Dennis Wilms fliegt stattdessen um den gesamten Globus. Als Wissensvermittler der ARD. Zunächst waren Kinder sein Publikum im Tigerentenclub, inzwischen erreicht er mit »Planet Wissen« in den dritten Fernsehprogrammen und als Nachfolger von Ranga Yogeshwar bei »W wie Wissen« im Ersten jede Woche ein Millionenpublikum. Das hätte er sich nach dem Abitur nicht träumen lassen, in dem der Sänger der Kieler Band Phase Four aus Zeitgründen

seinen Notenschnitt etwas vermasselte. »Ich habe parallel zum Abi bei Harold Faltermeyer in München eine CD produziert, und als es um die Geschichtsprüfung ging, hatte ich keine Zeit, alle drei Themen zu lernen. Ich habe mich für die Nazi-Zeit und die Weimarer Republik entschieden, dran kam aber die Französische Revolution.« Auch ein Dennis Wilms kann halt nicht alles wissen.

Kindheit und Schulzeit sind zwar längst Vergangenheit, aber Kinder und Schule sind für den jugendlich wirkenden Mann mit dem charmanten Lächeln weiterhin präsent. Wilms moderiert alljährlich die Vergabe des Deutschen Schulpreises in Berlin und besucht in dieser Funktion viele Schulen. Die Erkenntnisse, die er dabei gewinnt, fasst er wie folgt in Worte: »Ich erlebe viele sehr motivierte Lehrer, die überhaupt nicht dem Bild entsprechen, das die Gesellschaft von ihnen zeichnet. Und was Schulen abseits des Unterrichts leisten, ist einfach toll.«

Dass dem Zoologischen Museum oder anderen Forschungseinrichtungen an der Förde der wissenschaftliche Nachwuchs ausgeht, glaubt Weltenbummler Wilms nicht. Im Gegenteil. »Wir haben in Kiel wirkliche exzellente Wissenschaftler«, versichert er. Woher er das weiß? Weil er auch schon die »Nacht der Wissenschaft« in seiner Heimatstadt moderiert hat. W wie Wissen oder W wie Wilms – da ist etwas zusammengewachsen, was wirklich bestens zusammenpasst.

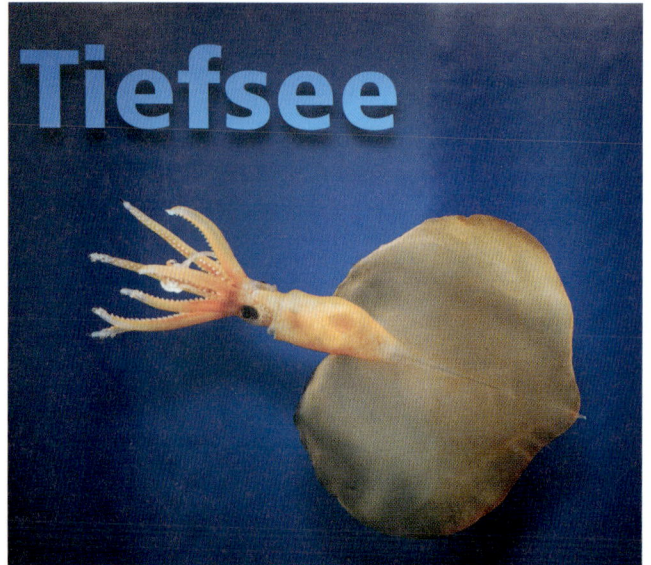

Tiefsee

**Walföten und andere
Besonderheiten**

* DEUTSCHLANDS GRÖSSTE WALSAMMLUNG

Der Professor, mit dem die Hoch-Zeit des Zoologischen Museums begann, heißt Karl August Möbius. 1868 wurde Möbius auf den neu gegründeten Lehrstuhl für Zoologie an der Christian-Albrechts-Universität berufen. Der ehemalige Realschullehrer im Harz hatte zuvor in Berlin nochmals studiert und in Halle an der Saale promoviert. Als Leiter des Museums forschte er über Austern und andere Seetiere, gab das Werk »Die Fauna der Kieler Bucht« heraus und gilt dank seiner Untersuchungen von Nord- und Ostsee als Wegbereiter der Meeresforschung in Kiel. Zudem beeinflusste er den Naturkundeunterricht an den Schulen. Nach ihm ist die Gesellschaft zur Förderung des Zoologischen Museums benannt, die auch Sammlungen und Forschung unterstützt. Unter anderem befindet sich in der Hegewischstraße mit zwölf Skeletten Deutschlands größte Wal-Sammlung.

MEISTER AN DER NADEL

Torsten Föh ist Kiels Marineschneider

Verflixt und zugenäht. Was kann dieser Mann eigentlich nicht? Torsten Föh kann aufwendige Rokoko-Roben nähen, Hochzeitskleider mit Tausenden klitzekleinen Perlen besticken oder einem Kapitän zur See eine Galauniform auf den Leib schneidern. 1990 war es, da wurde aus dem Theaterschneider ein Uniformschneider. Inzwischen geben sich bei ihm in Friedrichsort die hohen Offiziere die Klinke in die Hand.

Sechs Wochen hat es allerdings gedauert, erst dann hatte Torsten Föh alle Bundeswehrdienstgrade im Kopf. »Damit hatte ich ja nie etwas am Hut«, sagt er. »Ich wurde damals ausgemustert, weil ich Allergiker war.« In der Standortverwaltung in der Herthastraße musste Torsten Föh jeden Soldaten mit dem Dienstgrad begrüßen. Lange ist das her, und die Abzeichen sind ihm inzwischen in Fleisch und Blut übergegangen. Auch wenn er den Schritt zur Truppe anfangs oft bedauert hat.

»Ich war freies und schnelles Arbeiten gewöhnt«, erzählt er. Als 16-Jähriger fing er beim Kieler Theater an, wechselte später zum Schauspielhaus. »Es war eine herrliche Zeit. Wir haben 13 Stunden am Tag gearbeitet und zogen dann noch oft mit den Schauspielern nach der Vorstellung durch die Nacht. Wir waren jung und unbeschwert.« Irgendwann beschwerte sich aber seine Frau Silvia, die heute in seiner Schneiderei im Hintergrund die Fäden zusammenhält. Damals war sie aber noch Arzthelferin und sah ihren Mann kaum. So schickte er

irgendwann eine Bewerbung an die Bundeswehr und wurde sofort genommen. Und er lernte: »Zum Nähen gehört auch Trennen.« In diesem Fall von den kreativen Aufgaben.

Das Nähen ist der rote Faden in seinem Leben. Geboren 1964 in Dorf Pries nahm er schon als Kind Nadel und Faden zur Hand und beglückte seinen Steiff-Teddy mit Pullovern. Später sorgte er eigenhändig bei der heiß geliebten Wrangler-Jeans für den knackigen Sitz. »Ich wusste immer, dass ich Schneider werden wollte«, sagt er versonnen. »An der Nähmaschine vergesse ich Zeit und Raum.«

Inzwischen arbeitet er »nur« noch 28 Stunden die Woche als Angestellter für die Bundeswehr. Nebenher betreibt er als Selbstständiger die Schneiderei Föh in Friedrichsort. Hier näht er alles. Aber vor allem die Kleidung der Offiziere, denn die müssen ihre Uniformen selber bezahlen. Während er an seiner alten Adler sitzt, plaudert er ein wenig aus dem Nähkästchen. »Bei den Uniformen sind die Armlöcher ein bisschen höher«, sagt er schmunzelnd. »Dadurch nimmt jeder gleich eine viel strammere Haltung an.« Und die kleine Tasche vorne an der Marinebluse werde auch Kondomtasche genannt. »Die passen da einfach perfekt rein.« Viel hat er sich inzwischen über die Kieler Marinezeit angelesen und schwärmt: »Die Marineuniform ist ganz traditionell und wunderschön. Gerne hätte ich damals gelebt.« Ob Torsten Föh dann wohl die weltberühmte Marinejacke Colani erfunden hätte? Zuzutrauen wäre es dem fleißigen Schneider.

* MARINEOFFIZIERE DOMINIEREN DAS STADTBILD

Nach der Verlegung der preußischen Flottenstation von Danzig nach Kiel 1865 wurde die Stadt 1871 Reichskriegshafen. Es entstanden große Werften entlang des Förde-Ostufers. Die Bevölkerungszahl wuchs gewaltig. Repräsentative Marinebauten wie die 1883-88 errichtete Marineakademie (heute Sitz des Schleswig-Holsteinischen Landtags) wurden gebaut. Offiziere dominierten das gesellschaftliche Leben. Ende des 19. Jahrhunderts fertigte die Kieler Schneiderei Berger & Colani für die Kaiserliche Marine eine Jacke an, die heute noch weltweit Kultstatus besitzt: die Colani. Eine leicht taillierte, zweireihige Wolljacke (Caban) mit einem hohen, umklappbaren Stehkragen. Der Zweite Weltkrieg beendete schließlich die bestimmende Stellung der Marine in Kiel. Bei Kriegsende war die Stadt zu 80 Prozent zerstört, 240 versenkte Schiffe lagen im Hafen und in der Förde.

DIE HUNGER-JAHRE GEHEN WEITER

Wolfgang Hunger ist der Rekordsieger der Kieler Woche

Zweifacher Weltmeister in der olympischen 470er-Klasse, dreifacher Olympia-Teilnehmer und mit 21 Titeln Kieler-Woche-Rekordsieger: Wolfgang Hunger ist seit mehr als 40 Jahren ein Top-Segler. Fast könnte man von einer Segler-Legende sprechen, doch dafür ist er noch zu jung. Der Kieler Orthopäde ist Jahrgang 1960, er ist fit, das Ende seiner Karriere liegt für ihn weit hinterm Horizont. »Segeln macht mir einfach noch zu viel Spaß«, lacht der Herr Doktor.

Der gebürtige Hannoveraner ist der jüngste von drei Brüdern. Klaus kam 1955 in Kiel zur Welt, Joachim 1957. Vater Kurt, ein Kieler Gelehrtenschüler und späterer Professor für Astrophysik, forschte zwischen 1965 und 1967 in New York, seine untereinander Englisch sprechenden Söhne verbrachten ihre Sommerferien bei den Großeltern an der Förde mit Segeln, auch als sie ab 1970 in Berlin wohnten. »Unseren ,Goofy' haben wir noch, ich war der Kleinste und saß am Anfang immer nur vorne drin«, erzählt Wolfgang Hunger und lacht dabei.

In Berlin suchte der Vater einen Liegeplatz für den »Opti«. Im Potsdamer Yacht Club am Wannsee traf er auf den Bootsmann, der ihn fragte, was er denn für eine Jacht besitze. Antwort: »Einen Optimisten.« Gegenfrage: »Und was noch?« Antwort: »Drei Jungs.« Die drei Jungs erlernten fortan das Regattasegeln. Mit zwölf Jahren wurde Wolfgang erstmals deutscher ,Opti'-Meister. Vor Schilksee. 1975 folgte der zweite DM-Titel. Die Zeit in diesem Boot hat

ihn geprägt. Ein Journalist schrieb einmal, Hunger besäße die Gabe, Strömungen perfekt zu analysieren und den Wind an Bord zu berechnen, als ob er mit einem Radar ausgestattet wäre. Er sagt dazu: »Im ,Opti' erwirbt man das Gefühl fürs Segeln.«

1976 zog Wolfgang Hunger mit seinen Eltern zurück nach Kiel, der Hebbelschüler hatte nun das Top-Revier vor der Haustür. Noch segelten die drei Brüder getrennt, doch der kleinste erwies sich als das größte Talent: »Ich habe viel von beiden profitiert, aber für sie war das nicht immer leicht.« 1983 begannen die »Hunger-Jahre« bei der Kieler Woche, sechsmal triumphierte Steuermann Wolfgang mit Vorschoter Joachim in Folge, internationale Titel und zwei Olympiateilnahmen 1984 (Platz 4) und 1988 (Platz 5) folgten. Doch Joachim starb 1990 in Berlin bei einem Fahrradunfall, Wolfgang fällt es noch immer nicht leicht darüber zu sprechen: »Wir drei Brüder waren eine Einheit, dann wurde der mittlere herausgerissen.«

1990 und 1991 wurde er mit Rolf »Rocky« Schmidt Weltmeister, 1992 in Barcelona beendete er mit Rang acht (»Wir hatten wirklich viel Pech«) seinen olympischen Hattrick und startete danach im 505er durch. Mit Holger Jess und später mit Julien Kleiner dominiert der fünffache Weltmeister seitdem die Kieler Woche, der er eine »Super-Qualität«, bescheinigt. Der Rekordsieger wird schwer zu übertreffen sein. Und er segelt ja weiter.

* GELEBTE TRADITION

Der 23. Juli 1882 gilt als Geburts-Tag der Kieler Woche. An diesem Sonntag trafen sich Marineoffiziere und Kaufleute und segelten mit 20 Jachten eine Regatta auf der Förde aus, die von der »Kieler Zeitung« aufgrund des hohen Zuschaueraufkommens als »gesellschaftliches Ereignis« gefeiert wurde. Der Name »Kieler Woche« wurde erst 1894 geprägt, da war Kaiser Wilhelm II. schon Dauergast. Fortan entwickelte sich die Kieler Woche zur »Mutter aller Regatten« und machte Kiel zur »Welthauptstadt des Segelns«. 2017 wurde erst die 123. Kieler Woche gefeiert, denn während des Ersten und Zweiten Weltkriegs wurde nicht gesegelt. Im Sommer 1945 ließen die Briten die »Kiel Week« aufleben, seit 1948 wird stets Ende Juni gesegelt. Daraus entwickelte sich ein Volksfest mit (wirtschafts-)politischen Glanzpunkten, Kulturprogramm und Millionen Besuchern.

1890

EIN KLEINES LACHEN
IST EIN ERFOLG

Frauen in Not: Kirsten Reibisch kennt keinen Mangel an Arbeit

Es gibt sicherlich Arbeitsplätze, die weniger an die Substanz gehen. Kirsten Reibisch ist Diplom-Sozialpädagogin und Traumafachberaterin beim Frauennotruf Kiel, zu ihr kommen Frauen, die die Abgründe männlicher Gewalt erlebt haben: sexuellen Missbrauch im Kindesalter, Vergewaltigungen, Misshandlungen. 82 Prozent der 130 000 Gewaltopfer 2015 in Deutschland waren laut Kriminalstatistik weiblichen Geschlechts, 331 Frauen wurden von ihrem Partner oder Ex-Partner getötet, jede vierte Frau im Alter von 16 bis 85 Jahren erlebte häusliche Gewalt. Kiel ist keine Insel der Glückseligen, die acht Mitarbeiterinnen des Frauennotrufs in der Dänischen Straße können sich über Mangel an Arbeit leider nicht beklagen.

Kirsten Reibisch führt den Autor durch einen schmalen Gang zu ihrem kleinen Büro und achtet darauf, dass alle Türen der Beratungszimmer geschlossen sind. Frauen wollen und sollen an diesem Ort unter sich sein. Freundlich bietet sie Kaffee und Wasser an, dann beginnt sie zu erzählen und schnell wird klar: Wer ein offenes Ohr für die Sorgen und Nöte von Mitmenschen haben muss, sollte diesen Beruf als Berufung verstehen. »Ich habe immer schon geschaut, dass es anderen gut geht«, sagt die gebürtige Kielerin. Das lag zweifellos auch an Vater und Mutter, die als Ärzte nicht nur Symptome behandelten, sondern sich für die Hintergründe interessierten. Dass deren Tochter nach dem Abitur Soziale Arbeit studierte und Frau-

enrechte sowie Gewalt gegen Frauen als Schwerpunkte wählte, war wenig verwunderlich. Das sehen auch frühere Mitschüler so, wie Kirsten Reibisch berichtet: »Beim Klassentreffen 2016 sagten einige zu mir:» War doch klar, dass du so etwas machst.«

Die Mutter einer Tochter strahlt Ruhe aus, man kann sich gut vorstellen, wie sie in schwierigen Gesprächen versteht, Vertrauen aufzubauen. Kirsten Reibisch unterstützt hauptsächlich arbeitslose Frauen oder Frauen, die aufgrund ihrer Traumatisierung in der Kindheit oder im häuslichen Alltag arbeitsunfähig sind. Manche kommen nur einmal, andere kennt sie schon jahrelang. Außerdem begleitet sie Hilfesuchende nach Vergewaltigungen zur Polizei und zur Gerichtsmedizin, sie leistet Beistand vor Gericht. »Das Recht auf psychosoziale Prozessbegleitung in Strafverfahren gibt es in Schleswig-Holstein gut 20 Jahre, bundesweit trat es dagegen erst am 1. Januar 2017 in Kraft«, betont sie.

Wie strapaziös ist ihre Arbeit? »Ich schaffe es recht gut, mich abzugrenzen und berührende Geschichten nicht mit nach Hause zu nehmen.« Gibt es für sie überhaupt Erfolgserlebnisse? »Wenn eine Klientin beim Abschied ein wenig lachen kann, ist das ein kleiner Erfolg«, antwortet sie mit einem leichten Lächeln, »es ist zum Glück häufig so, dass Frauen bei uns anders rausgehen, als sie reinkommen.« Aber am besten wäre, sie müssten gar nicht mehr kommen.

* AB 1890 DURFTEN FRAUEN IHRE RECHTE WAHRNEHMEN

Von 1878 bis 1890 galt das »Gesetz gegen die gemeingefährlichen Bestrebungen der Sozialdemokratie«. Betroffen davon war auch Helene Grünig auf dem Schreiben Foto oben links, die in der Illegalität für die Kieler SPD wirkte und sich erst nach 1890 offener in der Frauenbewegung engagieren konnte. 1907 begrüßte sie als erste Vertrauensperson der verbotenen Gaardener Frauenversammlung Rosa Luxemburg zu einer Wahlkampfveranstaltung. Am 1. Oktober 1908 durften endlich auch Frauen Mitglied in politischen Parteien werden, was Helene Grünig sofort nutzte und mit rund 300 Gaardenerinnen der SPD beitrat. Weitere 20 Jahre dauerte es, bis das Frauenwahlrecht in Deutschland in Kraft trat. 1965 starb Helene Grünig in Kiel, 14 Jahre, bevor das Frauenzentrum eine Notrufgruppe gründete. Der Frauennotruf Kiel e.V. betreibt eine von 23 Frauenberatungsstellen in Schleswig-Holstein.

1892

AUF UND AB MIT SPASSFAKTOR

Prey ist nicht nur Spezialist für Aufzüge und Paternoster

Als Thomas Prey noch ein kleiner Junge war, fühlte er sich häufig großartig. Das hatte unter anderem auch mit Paternostern zu tun. Sein Urgroßvater Rudolf hatte im Kieler Rathaus sämtliche Aufzüge eingebaut, darunter den Paternoster. »Ich bin mit Aufzügen aufgewachsen, ich habe als Kind in ihnen gespielt«, erzählt Thomas Prey. Als Schüler ging er mit seinen Freunden gerne ins Rathaus und fuhr Paternoster. »Das war spannend, da war Action«, lacht der Inhaber des Familienunternehmens Prey, das im Juni in Hassee seinen 125. Geburtstag feierte und das »Rud.« aus dem Firmennamen gestrichen hat.

Rund 6500 Aufzüge haben die Preys hergestellt, der älteste noch funktionstüchtige stammt aus dem Jahr 1911 und verrichtet seinen Dienst in einem Mietshaus im Knooper Weg. Unter allen Anlagen sind nur ein Dutzend Paternoster. Zwei fahren an der Förde, im Rathaus und seit 1951 auch im Landeshaus. Paternoster gelten als besonders effizient, da die Kabinen gleichzeitig nach oben und unten fahren und ohne Pausen an den Wendepunkten mittels Scheiben in den anderen Schacht überführt werden. Die Umlaufaufzüge gelten als nicht ungefährlich, weshalb seit 1974 in der alten Bundesrepublik keine Anlagen mehr gebaut werden dürfen. Das Ein- und Aussteigen im laufenden Betrieb ist zumindest für unerfahrene Benutzer gewöhnungsbedürftig, das gibt auch Thomas Prey zu: »Selbst ich als Liebhaber kann Paternostern eine gewisse Gefährlichkeit nicht absprechen.« An seiner ungebrochenen Faszination ändert das nichts.

Der groß gewachsene Kieler sitzt entspannt am Konferenztisch und erzählt die Firmengeschichte, die auch seine Geschichte ist. Dass er erst einmal bei der MaK eine Lehre zum Maschinenschlosser absolvierte, bezeichnete er als seine Basis. »Das war für mich eine prägende Zeit, nicht nur, weil ich die Gewerkschaftskämpfe miterlebt habe. Ich habe gelernt, mit meinen Händen zu arbeiten, das halte ich für ganz wichtig.« Zum Leidwesen seines Vaters wurde er nicht Ingenieur, sondern studierte in Frankreich und den USA Betriebs- und Volkswirtschaft. Danach trat er in das Unternehmen ein, obwohl er gerne Architekt geworden wäre.

Den Sinn für Ästhetik hat sich der im Mai 1968 geborene Prey-Chef bewahrt. Die Firmenzentrale in der Rendsburger Landstraße ließ er nach seinen Vorstellungen umbauen, wer die moderne Kantine betritt, der ahnt, dass Thomas Prey nicht nur das leibliche Wohl seiner Mitarbeiter am Herzen liegt. Für Außergewöhnliches ist der Mann, der sich mit seiner Frau, einer Französin, sozial und kulturell engagiert, auch auf einem anderen Gebiet zu haben. Sämtliche Firmenfahrzeuge hat er in einer Niederlassung in der Prignitz in Brandenburg angemeldet, auf allen Kennzeichen prangen die Buchstaben PR - EY. Das hat Charme und ist gut fürs Marketing.

* FAMILIENUNTERNEHMEN ALS WELTMARKTFÜHRER

Prey ist ein Unternehmen aus dem Maschinen- und Anlagenbau, das sich auf die Fertigung und den Vertrieb von Aufzügen, Feuerwehr- und Fördertechnik spezialisiert hat. Rudolf Prey gründete das Unternehmen 1892 in Kiel, 1908 wurde der erste Aufzug produziert. Prey-Aufzüge fahren u.a. in den Fernsehtürmen in Hamburg, Bremen und Kiel. Mit der Patentanmeldung für die weltweit erste automatische Aufhängeanlage für Feuerwehrschläuche 1951 begann der Aufstieg zum Weltmarktführer in der Feuerwehrtechnik. Das Familienunternehmen, das für die EXPO 2000 in Hannover den größten und technisch aufwendigsten Personenaufzug der Weltgeschichte baute, beschäftigt 125 Mitarbeiter in sieben Niederlassungen. Der sportlichste Spross der Dynastie ist Christian Prey. Er wurde 1962 Ruder-Weltmeister im Vierer ohne Steuermann.

1895

DIE HÜTERIN DES LICHTS

*Monika Gahnz wacht als Mechatronikerin
über den Holtenauer Leuchtturm*

Kaum jemand kommt dem Holtenauer Leuchtturm so nahe wie Monika Gahnz. Sie kennt den Pulsschlag des alten Bauwerks, sorgt für den richtigen Durchblick und ist immer zur Stelle, wenn es Kummer gibt. Monika Gahnz ist Mechatronikerin und begeistert von ihrem Arbeitsplatz. Die junge Frau ist Baujahr 1989 und damit das Küken beim Wasserstraßen- und Schifffahrtsamt Kiel-Holtenau.

»Der Leuchtturm ist wunderschön«, sagt sie und schließt die kleine Holztür auf. Auf einer Wendeltreppe geht es 20 Meter in die Höhe. Erst sind die Stufen aus Stein, später aus Holz. Eng und kalt ist es. Aber Monika Gahnz kennt ihren Arbeitsplatz aus dem Effeff. Mit einer Blaumann-Arbeitshose und einer winddichten Jacke ist sie für jeden noch so starken Sturm gerüstet. Oben sendet die 600-Watt-Lampe ihre Signale über das Meer. Eine Sekunde aus, zwei Sekunden an, eine Sekunde aus, zwei Sekunden an, eine Sekunde aus, fünf Sekunden an. So schlägt das Herz des Leuchtturms. Und die Kapitäne, die von überall aus der Welt kommen, um den Nord-Ostsee-Kanal zu passieren, wissen Bescheid. Das grüne Licht weist ihnen den Weg.

Auf halber Höhe im Turm ist ein elektronischer Kontrollkasten angebracht, der Monika Gahnz über jeden Fehler oder Aussetzer informiert. Auch über ihr Handy würde sie sofort angepiept, wenn irgendetwas nicht normal läuft. Doch meist klappt alles reibungslos. »Hier oben haben wir vier Lampen«, sagt sie und zeigt auf das Herzstück des Leuchtturms. »Sobald eine Lampe ausfällt, schaltet sich automatisch die nächste ein.« Regelmäßig überprüft sie alles, putzt die Fenster und dreht eine Kontrollrunde auf dem Außenbalkon. »Gerade im Sommer schauen dann viele Spaziergänger sehnsüchtig zu mir hoch«, sagt sie. »Ich hab' halt den schönsten Arbeitsplatz der Welt.« Nur wo all die Fliegen in der Leuchtturmkuppel herkommen, weiß sie bis heute nicht.

Alles, was mit Elektronik und Lampen zu tun hat, fasziniert die junge Frau aus Hohn. »Schon als 13-Jährige habe ich mit meinem damaligen Freund an Autos herumgeschraubt«, erzählt sie, »Ich war nie das typische Mädchen.« In der Berufsschule lernte sie nur mit jungen Männern. Auf der Holtenauer Insel mitten im Kanal, wo ihr Büro liegt, fühlt sie sich pudelwohl. Sie hat gerade ihre staatlich geprüfte Elektrotechniker-Ausbildung bestanden und ist nun überqualifiziert für den Leuchtturm und die anderen Seezeichen am Kanal: »Ich hoffe, dass ich einen neuen Job beim Wasser- und Schifffahrtsamt finde.« Der Leuchtturm wird dann aber vielleicht doch noch mal eine Rolle in ihrem Leben spielen. »Hier zu heiraten wäre ein Traum«, sagt sie und lächelt zufrieden. Der richtige Partner ist auch schon da, und die vielen toten Fliegen hat sie ja eh bereits beseitigt. Wenn das kein gutes Omen für den Start in einen neuen Lebensabschnitt ist.

* ZWEI MEERJUNGFRAUEN REICHEN SICH DIE HAND

Am 21. Juni 1895 übergab Kaiser Wilhelm II. den Nord-Ostsee-Kanal dem Weltverkehr und weihte gleichzeitig den Leuchtturm am Nordufer ein. Seitdem weist das Leuchtfeuer in Holtenau den Schiffen aus aller Welt den Weg. Eine achteckige Gedenkhalle am Fuße des Turms erzählt von den letzten drei Kaisern, die am Kanalbau beteiligt waren: Wilhelm I., Friedrich III. und Wilhelm II. Über dem Haupteingang hängt ein Bronzerelief. Zwei wunderschöne Meerjungfrauen reichen sich die Hand - die Nordsee trifft die Ostsee. Im Hintergrund sind der Holtenauer und der Brunsbütteler Leuchtturm zu sehen. Ein beeindruckendes Bild, das immer wieder die Hochzeitsgesellschaften in Verzückungen versetzt. Denn seit März 2001 kann hier in der Drei-Kaiser-Halle geheiratet werden. Einst stand noch ein imposantes Kaiser-Wilhelm-Denkmal neben dem Holtenauer Seezeichen. Dieses hat jedoch den Zweiten Weltkrieg nicht überlebt.

1904

HEIN DADDEL, DER GUTE-LAUNE-ONKEL

Daniel Pöhlmann ist das Zebra-Maskottchen der THW-Handballer

Wer weiß schon, wer Stefani Joanne Angelina Germanotta ist oder Peter René Baumann? Was für Lady Gaga oder DJ Bobo gilt, trifft auch auf Daniel Pöhlmann zu. Daniel wer? Nie gehört. Das ist keine Schande, aber Hein Daddel, ja, da fällt der Groschen. Hein Daddel ist der Spitzname der Kieler Handball-Legende Hein Dahlinger – und der Name des THW-Maskottchens. In dessen Montur steckt Pöhlmann seit 2010 und schwitzt bei seinen Auftritten fast mehr als die Profis des deutschen Rekordmeisters.

Etwa fünf Minuten benötigt der Hobbyspieler um sich in die Strumpfhose, den schwarz-weiß gestreiften Oberkörper aus Schaumstoff, den Kopf und die Schuhe zu zwängen. Acht Kilo wiegt seine 2,10 m lange Kluft, 30 Zentimeter rund ist das Gucklock in Hein Daddels Nase, das muss reichen, um den Durchblick zu behalten. Pöhlmann bringt mit 1,84 m und 90 Kilo die passende Statur mit. »Einsachtzig sollte man schon groß sein, sonst sieht Hein Daddel aus wie ein Pinguin«, sagt er über sein Zebra-Kostüm, in dem er pro Spiel etwa zwei Kilo verliert.

Pöhlmanns Arbeitstag beginnt eine Stunde vor dem Anpfiff. Besprechung mit dem Technik-Team des THW und dem Hallensprecher. 30 Minuten vor Spielbeginn geht er raus auf die Platte, um die Fans in Stimmung zu bringen. Bei einem Bundesliga-Heimspiel läuft er vor der Mannschaft aufs Feld und klatscht die THW-Akteure ab, handelt es sich um ein Champions-League-Duell, hüpft er hinter dem Team her. Warum? So sind halt die Regeln des Rituals. Kein Regelwerk gibt es für seine Auftritte in Auszeiten oder Pausen. »Da kann ich machen, was ich will«, sagt Daniel Pöhlmann, der normalerweise japanische Autos verkauft. Fans abklatschen, für Fotos posieren, Spaß bereiten. Bei Bedarf wird er zum Gute-Laune-Onkel: »Ich kriege genau mit, wie ein Spiel läuft. Läuft es nicht gut, ist mein Auftrag, in der Halle für Stimmung zu sorgen.«

Einmal ist ihm das gründlich misslungen. Ausgerechnet während eines Derbys gegen die SG Flensburg-Handewitt verirrte er sich im vierten Rang, wo er wegen der vielen Kinder gerne seine Show abzieht, in den Gäste-Block und musste schnell stiften gehen. Ein kleiner Betriebsunfall des Maskottchens, das sich ansonsten enormer Beliebtheit erfreut. Auch sein Verhältnis zu den Handballern ist gut, man kennt sich, man grüßt sich. »Nur ,Titi' Omeyer durfte ich vor Spielen nie ansprechen, er war immer extrem fokussiert«, erzählt Pöhlmann, der den Champions-League-Sieg 2012 in Köln als absoluten Höhepunkt bezeichnet: »Da durfte ich sogar im Mannschaftsbus mitfahren und bei der Feier dabei sein.«

Fünf Heimspiele hat der Kieler Jung in sechs Jahren verpasst, maximal. Seinen Urlaub richtet er nach dem Spielplan aus. Und außerdem – wahre THW-Fans müssen nun tapfer sein – steckt er auch in Stolle. Das ist das Maskottchen der Holstein-Fußballer.

* DER »FC BAYERN DES HANDBALLS«

Der THW Kiel gilt als »FC Bayern des deutschen Handballs«. Die Zebras sind mit 22 Titeln
– zwei auf dem Feld (1948 und 1950), 20 zwischen 1957 und 2015 in der Halle – Deutsch-
lands Rekordmeister. Gegründet wurde der THW – die Buchstaben stehen für Turnver-
ein Hassee-Winterbek – am 4. Februar 1904, Handball wurde erst ab 1923 gespielt. Als 1966
die Bundesliga gegründet wurde, war der Traditionsverein, obwohl Meister von Schleswig-
Holstein, nicht dabei, da die Regionalmeisterschaft als Qualifikationskriterium galt.
Die hatte Landesvizemeister VfL Bad Schwartau gegen den THW gewonnen, der 1967 ins
Oberhaus aufstieg und danach nur einmal, in der Saison 1973/74, zweitklassig spielte.
Absoluter Höhepunkt war die Spielzeit 2011/12 mit dem Durchmarsch in der Bundesliga
(68:0 Punkte) sowie dem Gewinn des DHB-Pokals und der Champions League.

KLIMAWANDEL IN DER KUNSTHALLE

Anette Hüsch – Direktorin mit Hausmeisterfähigkeiten

Sie hat in Karlsruhe promoviert, in Los Angeles und Cambridge wissenschaftlich gearbeitet und in Berlin Ausstellungen von Andy Warhol, Jeff Koons und Jörg Immendorff kuratiert. Da liegt die Frage nahe, was eine Kunstwissenschaftlerin, die Ausstellungen in der Neuen Nationalgalerie in der Bundeshauptstadt organisiert hat, nach Kiel verschlägt. Anette Hüsch beansprucht für ihre Antwort keine Bedenkzeit. Die Größe des Hauses, der Kunstverein, die Sammlung und die Anbindung an die Universität, das sei eine besondere Konstellation. Und außerdem: »Kiel ist eine lebenswerte Stadt und hat eine unglaublich schöne Umgebung.« Hört sich an wie eine Liebeserklärung.

Dabei musste sie sich an Kiel erst gewöhnen. Am 1. November 2010 begann die Amtszeit der Direktorin, nur sieben Tage später sah sie sich mit einem Kunstwerk der Natur konfrontiert: Eiszapfen. »Der folgende Winter war besonders streng«, erinnert sich die gebürtige Hannoveranerin, die Kiel bis dahin nur von der Durchreise nach Skandinavien kannte. Nach Jahren mit eher milden Wintern ist sie längst mit der Landeshauptstadt und ihren Menschen warm geworden: »Kiel verändert sich, der Bereich um die Kunsthalle mit dem Schlosspark hat in den vergangenen Jahren deutlich gewonnen. Außerdem ist es in einer Landeshauptstadt dieser Größe sehr gut möglich, sich schnell zu vernetzen. Hier rennt man offene Türen ein.«

Anette Hüsch redet ausdrucksstark über Kiel und die Kunst. Ihre Hände mit den schlanken Fingern, die aussehen, als müssten sie sehr gut Klavier spielen können, sind ständig in Bewegung. Das passt ein bisschen zu ihrer Tätigkeit, die handwerkliches Verständnis beinhaltet. Von Max Hollein, dem ehemaligen Leiter des Städelmuseums in Frankfurt, stammt die Erkenntnis, ein Direktor eines Museums müsse auch der oberste Hausmeister sein. Anette Hüsch kann das nur bestätigen: »Ich muss in meiner Funktion alles im Blick behalten, Ausstellungen, Öffentlichkeitsarbeit, Pflege des Freundeskreises oder eben auch Umbauarbeiten.« Nun werden knapp drei Millionen Euro in neue Fenster und eine verbesserte Dämmung investiert, der Klimawandel in der Kunsthalle soll Ende 2018 abgeschlossen sein. In den Ausstellungsräumen soll die Temperatur 20 Grad betragen und maximal um zwei Grad schwanken bei einer etwa 50-prozentigen Luftfeuchtigkeit. Gesenkt werden damit gleichzeitig die Energiekosten. Keine Frage, die Direktorin weiß, wovon sie spricht.

Am liebsten jedoch spricht sie über Kunst. Das Bild »Abendstimmung« beispielsweise, das Gerhard Richter 1969 malte, weil er mit Kunsthallen-Direktor Jens-Christian Jensen befreundet war. »In einer Welt, in der sehr viel über Bildsprache läuft, ist es wichtig, Bilder zu verstehen, denn sie haben eine machtvolle und verbindende Funktion«, sagt Anette Hüsch. Wer würde ihr widersprechen wollen?

Die Kunstwerft

Mitten im Museum haben wir die Kunst auf Kiel gelegt wie ein Schiff im Trockendock. Hier können Aspekte künstlerischer Arbeit erkundet und eigene schöpferische Erfahrungen gesammelt werden.

In vier Bereichen eröffnet *die Kunstwerft* Farbräume, gewährt Einblicke in Ateliersituationen, lässt Schaffensprozesse sichtbar werden und lädt alle, Groß und Klein, zum Erleben, Entdecken und Experimentieren ein.

< Was das Bild zur Kunst macht.
Die Sammlung
13. August 2016 bis 2017

* JEDES JAHR 35 000 BESUCHER

Die Kunsthalle zu Kiel verdankt ihre Existenz der vielseitig aktiven und 1903 verstorbenen Kieler Mäzenin Lotte Hegewisch, die in ihrem Testament verfügte, dass ihr Grundstück am Düsternbrooker Weg für den Bau eines Kunstgebäudes verwendet wird. 1909 wurde die zur Christian-Albrechts-Universität gehörende Kunsthalle eingeweiht. Das Museum besitzt 300 Skulpturen, 1200 Gemälde und rund 40000 grafische Blätter. Zur Sammlung gehören Werke von Dürer und Rembrandt, Emil Nolde, Gerhard Richter oder Neo Rauch. Zu den Aufgaben gehört auch die Überprüfung des Bestandes aus der Zeit des Nationalsozialismus, um Kunstwerke an ihre rechtmäßigen Besitzer zurückgeben zu können. 2010 übernahm Anette Hüsch als erste Frau die Leitung des Museums, dessen durchschnittliche Besucherzahl in den vergangenen fünf Jahren bei 35 000 lag.

KAMPF DEM SÄUREFRASS

JOHANNES ROSENPLÄNTER IST IM RATHAUS
HÜTER UND BEWAHRER DER STADTGESCHICHTE

Wenn es in Kiel mal wieder in Strömen regnet, muss Johannes Rosenplänter unwillkürlich auf dem Weg zur Arbeit an ein Foto vom 12. November 1911 denken. Über 50 000 Kieler begrüßen damals mit ihren Regenschirmen Kaiser Wilhelm II., der das neu errichtete Kieler Rathaus einweiht. Statt Kaiserwetter herrschte Dauerregen. Ein geschichtsträchtiges Ereignis, das wie Tausende andere im Kopf von Johannes Rosenplänter abgespeichert ist. Schnell schreitet der Mann über den Rathausplatz und verschwindet in der großen Drehtür am Eingang des mächtigen Gebäudes. Die Vergangenheit wartet.

Johannes Rosenplänter, Jahrgang 1975, ist Stadtarchivar und kennt sich mit der Kieler Geschichte aus wie kein Zweiter. »Das Rathaus hat ein tolles Flair und Ambiente. Das ist ja nicht irgendein Bürogebäude«, sagt er. Ursprünglich stammt der Historiker aus Niedersachsen. Seit dem Studium ist er in Kiel, lebt mit seiner Familie in Pries. »Anfangs dachte ich, alles in der Stadt ist statisch«, sagt er. »Aber je länger ich hier bin, desto mehr sehe ich Veränderungen.« So freut er sich sehr, dass endlich an der Holstenbrücke etwas passiert. »Wenn ich dort auf den Bus warte, sehe ich einen städtebaulichen Brennpunkt. Das ist derzeit kein angenehmer Ort.«

Er steigt die Treppen hoch bis oben unters Dach des Rathauses. Hier lagern die Akten, Fotos, Dokumente und Bücher aus einer längst vergangenen Zeit. Würde man alles in ein Regal stellen, wäre dieses vier Kilometer lang. »Leider platzen wir aus allen Nähten«, sagt Johannes Rosenplänter und öffnet eine schwere Eisentür. Bei konstanten 18 Grad liegen hier die alten Schätze.

Es riecht nach Papier, das sich nach und nach zersetzt. Der Säurefraß ist am Werk. »Oft sind die Dokumente schon schadhaft, wenn sie bei uns ankommen. Die müssen schnellstens zum Restaurator«, erzählt er und berichtet von großformatigen Ausstellungskarten von 1926, die gerade unter einer dicken Staubschicht entdeckt wurden. »Bei solchen Funden hüpft das Herz«, sagt er strahlend. Genauso freut er sich, wenn das Archiv-Team alte Kieler Dokumente im Internet entdeckt. »So bekamen wir vor einiger Zeit Post aus Rumänien. Die hatten noch Fotos aus den 30er Jahren, als eine Marinedelegation hier in Kiel zu Besuch war.«

Besonders stolz ist Johannes Rosenplänter auf das einzigartige Kieler Fotoarchiv. Rund zwei Millionen Aufnahmen gibt es hier, davon rund 8000 gestochen scharfe Fotos auf Glasplatten. 90 000 Akten wurden bisher erfasst, 8000 Karten und Pläne. Doch die Digitalisierung hat auch hier schon Einzug gehalten. Statt Papier gibt es nun Bits und Bytes. Das macht es für Interessierte in aller Welt einfach: Mit einem Mausklick steht heute schon Vieles zur Verfügung – so auch das historische Foto vom Kaiser im ach so verregneten Kiel.

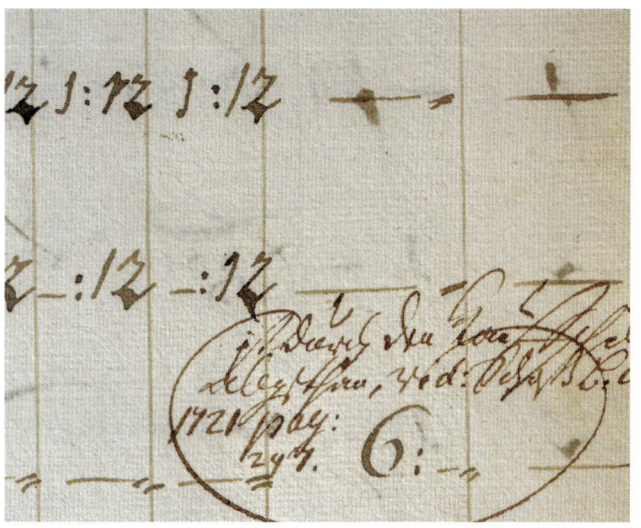

* EIN GLANZSTÜCK DER WILHELMINISCHEN ZEIT

Vier Jahre lang dauerte es, um das Rathaus in der Fleethörn auf dem Gelände der früheren städtischen Gasanstalt zu errichten. Im November 1911 wurde der Bau, den der Karlsruher Jugendstilarchitekt Hermann Billing entwarf, endlich eingeweiht. Er ersetzte das viel zu klein gewordene alte Rathaus am heutigen Alten Markt. Der Neubau kostete 4,2 Millionen Goldmark und ist einer der bedeutendsten repräsentativen Verwaltungsbauten der wilhelminischen Zeit. Der 106 Meter hohe markante Turm hat den Campanile von San Marco in Venedig zum Vorbild. Im Zweiten Weltkrieg wurden Teile des Gebäudes schwer getroffen, der Ratssaal zerstört. Beim Wiederaufbau verzichtete man auf das ursprüngliche Kupferdach in Form eines umgekehrten Schiffsrumpfes, das einst den Saalbau krönte. Eine zweiflügelige Facettentür im Büro des Oberbürgermeisters erinnert noch heute an den Eröffnungsbesuch des Kaisers.

1912

FLUGBEGLEITER DER STÖRCHE

*Die Unternehmerfamilie Langness ist mit der
KSV Holstein in der vierten Generation eng verbunden*

Leidenschaft kann Leid schaffen. Hermann Langness schmunzelt zwar, als er sagt, dass er sonnabends nur Sportschau schaue, wenn die KSV Holstein ihr Heimspiel gewonnen habe. »Ansonsten ist mir eher nach Ohnsorg-Theater zumute.« Ein Scherz, natürlich, aber er zeigt, wie eng die emotionale Verbundenheit des erfolgreichen Unternehmers mit dem neuen Fußball-Zweitligisten ist. Kein Wunder, denn der 1953 Geborene ist Fan und Finanzier zugleich. Aus Familientradition.

Die Leidenschaft ist gewissermaßen vererbt. Sein 1892 geborener Großvater Hermann, der als Schüler für die Störche kickte, war vor und nach dem Krieg Vorsitzender des Traditionsklubs. Von 1930 bis 1938 und von 1949 bis 1952. Hermann Langness hat in dieser Funktion noch heute sichtbare Spuren hinterlassen, weshalb er auch der einzige Ehrenpräsident des deutschen Meisters von 1912 ist. Langness hat den Bau der Haupttribüne initiiert und organisiert, auf der sein Enkel gleichen Namens seinen Stammplatz hat. »Ich sitze noch immer dort, wo ich als Drei- oder Vierjähriger neben meinem Großvater saß«, sagt der aktuelle Hermann Langness.

Sein Großvater hielt Distanz während seiner ersten Amtszeit zu den Nationalsozialisten. Beispielsweise finden sich in der damaligen Vereinszeitung kaum antisemitische Äußerungen. »Er betrachtete die Nazis als vorübergehende Erscheinung und gab unter anderem jüdischen Mitbür-

gern noch hilfreiche Aufträge, obwohl sie schon in Ungnade gefallen waren«, weiß sein Enkel. Als sein Großvater 1949 erneut die Leitung des Vereins übernahm, lag das Stadion in Schutt und Asche. Die ursprüngliche Holztribüne war von einem Orkan vernichtet worden, die 1921/22 erbaute Tribüne im Zweiten Weltkrieg durch Bombentreffer. So muss man die Worte von Langness beim Richtfest am 4. Mai 1950 verstehen: »Diese Tribüne ist ein Markstein. Sie wird, wenn hoffentlich nicht kriegerische Ereignisse eintreten, die nächsten 100 Jahre überdauern und vom zähen Willen der Nachkriegszeit künden.« Sein Wunsch, dass Zuschauer auf dieser Tribüne nur Heimsiege erleben, ging dagegen nicht in Erfüllung.

Enkel Hermann stuft die Bedeutung des Vereins für Kiel nicht erst seit dem Zweitliga-Aufstieg im Mai als »sehr hoch« ein. Mit seinem Freund und Geschäftspartner Gerhard Lütje hat der promovierte Wirtschaftswissenschaftler vor knapp 20 Jahren die Organisationsstruktur geschaffen. Seitdem sorgen die beiden Aufsichtsratsmitglieder für gesicherte Finanzen. Über Zahlen redet der vierfache Vater generell nicht, er sagt nur: »Ich halte es für wichtig, dass sich Kieler Kaufleute für den Sport engagieren.« Es zeichnet sich ab, dass seine drei Söhne das nicht anders beurteilen, jedenfalls haben sie wie ihr Urgroßvater in den Jugendteams der KSV gespielt. Womöglich heißt 2030 der Präsident des Bundesligisten Holstein Kiel erneut Langness.

* ZURÜCK AUF DER GROSSEN FUSSBALL-BÜHNE

Die Kieler Unternehmer-Familie Langness prägt die KSV Holstein seit fast 90 Jahren. Hermann Langness war von 1930 bis 1938 und von 1949 bis 1952 Präsident. Seinem Sohn Fritz wurde ebenfalls das Amt des Vorsitzenden angetragen, doch er lehnte ab (»Man kann sich über nichts so ärgern wie über Fußball«) begnügte sich mit seiner Rolle als Stammgast auf der Haupttribüne. Dort sitzt Hermann Langness, seit rund 60 Jahren. Der Inhaber von Bartels-Langness sorgt mit seinem Freund und Partner von CITTI, Gerhard Lütje, für seriöse Führung beim Deutschen Meister von 1912. Zu den Höhepunkten der Vereinsgeschichte gehören auch die Aufstiegsrunde zur Bundesliga 1965, drei Jahre in der 2. Bundesliga Nord (1978 bis 1981) und der 13. Mai 2017. Nach dem Sieg in Groß-aspach wurde der Aufstieg in die 2. Bundesliga gefeiert. Kiel ist zurück auf der großen Fußball-Bühne.

1914

IDEEN UND EMPFEHLUNGEN FÜR BESSERE POLITIK

Warum Esther Ademmer Angela Merkel für einen Vollprofi hält

Der Autor erscheint zehn Minuten zu früh zum verabredeten Termin. Esther Ademmer wundert sich. »Ich dachte, Journalisten kommen immer zu spät?«, schmunzelt sie. Entsprechend salopp fällt die Antwort aus: »Journalisten sind immer pünktlich, wenn sie Fake-News verbreiten wollen.« Doch darum geht es im Institut für Weltwirtschaft natürlich nicht. Esther Ademmer ist schließlich eine promovierte Politikwissenschaftlerin, sie verbreitet nur Fakten, die sie empirisch belegen kann. Im Grunde unterscheidet sich ihr Wirken also keineswegs von der Arbeit seriöser Journalisten.

Seit 2013 betreibt die im Ruhrgebiet aufgewachsene sportliche Frau beim IfW nicht nur Forschung, sondern auch Politikberatung. Esther Ademmer ist mit 16 Kolleginnen und Kollegen aus Kiel, Brüssel und Florenz am Medam-Projekt beteiligt. Es geht dabei unter anderem um die Auswirkungen der Flüchtlingskrise auf Gesellschaft und Wirtschaft. »Wir betrachten wirtschaftliche, gesellschaftliche und politische Entwicklungen verstärkt im Zusammenhang«, erläutert Esther Ademmer. Medam-Forscher und -Forscherinnen untersuchen beispielsweise, welchen Einfluss Ereignisse wie die Vorfälle in der Silvesternacht 2015/16 in Köln auf Debatten in Sozialen Netzwerken haben. Sie analysieren, wie die Reaktionen von Facebook-Nutzern auf Berichte in Tageszeitungen, darunter auch den Kieler Nachrichten, über Migration ausfallen. »Wir wollen wissen, ob

Menschen vermehrt um ihre Arbeitsplätze fürchten oder sich von der Politik nicht wahrgenommen fühlen.«

Die seit Sommer 2013 in Kiel wohnende Forscherin findet: »Das ist ein toller Job, auch, weil man interessante Leute trifft.« Angela Merkel gehört dazu. Im Januar hat sie die Regierungschefin im Bundeskanzleramt für deren wöchentlichen Podcast interviewt, sie sollte keine Stichwortgeberin sein, sondern kritische Fragen stellen. Frau Merkel, urteilt sie, sei ein Vollprofi: »Es hat mich beeindruckt, wie spontan, aber gleichzeitig detailliert sie antwortete.«

Das IfW versteht sich auch als Dienstleister für die Politik, beispielsweise bei der Vorbereitung des G20-Gipfeltreffens in Hamburg. Esther Ademmer gehört darüber hinaus einer Gruppe von Forschern und Praktikern an, die versucht, konstruktive Vorschläge für den Konflikt zwischen der EU und Russland in Fragen ihrer gemeinsamen Nachbarschaft, beispielsweise der Ukraine, zu erarbeiten. Sie empfindet es als Privileg, sich mit spannenden und aktuellen Fragen beschäftigen zu dürfen. Ihre Position beurteilt sie allerdings auch realistisch: »Wir können der Politik nur Ideen und Empfehlungen liefern. Was die Politik daraus macht, ist ein anderes Thema.« Das empfindet sie als durchaus sinnvolle Arbeitsteilung: »Als Wissenschaftler sollte man sich in diesem Prozess nicht überschätzen. Wir sind nicht gewählt. Die Mehrheiten für unsere Ideen müssen andere besorgen.«

* DAS IFW FORSCHT LÄNDERÜBERGREIFEND

Das Institut für Weltwirtschaft wurde 1914 gegründet und ist seit 2007 eine Stiftung des öffentlichen Rechts des Landes. Als eines von 91 Forschungsinstituten der Leibniz-Gemeinschaft beschäftigt das IfW 170 Mitarbeiter, darunter knapp 90 Wissenschaftler. Das direkt an der Förde liegende Institut sieht seine Hauptaufgabe in der Erforschung innovativer Lösungsansätze für weltwirtschaftliche Probleme. Es nimmt vor allem Themen in den Fokus, die nur länderübergreifend zu lösen sind. Ein weiteres Alleinstellungsmerkmal ist ein Ausbildungsprogramm, das junge Wissenschaftler(innen) auf eine Karriere in der Forschung oder in internationalen Organisationen vorbereitet. Zum IfW-Budget von 13,7 Millionen Euro (2016) trugen der Bund und die Länder 10,4 Millionen bei. Hinzu kommen eingeworbene Drittmittel etwa von Stiftungen und weiteren Auftraggebern.

1915

REVOLUTION AUS DER WIK

Der Kreiselkompass von Hermann Anschütz
hat noch lange nicht ausgedient

Manchmal geben Visitenkarten Rätsel auf. Kerstin Wollmanns Funktion lautet »Leiterin Servicekoordination internationales und nationales Kundengeschäft«. Eine mal einigermaßen populäre deutsche TV-Moderatorin würde diese Aufgabe so formulieren: »Hier werden sie geholfen.« So könnte man die Tätigkeit von Kerstin Wollmann auf den Punkt bringen. Streikt irgendwo auf der Welt auf einem Schiff ein Steuerungsmodul, so beginnt sie mit der Fehleranalyse und der »Rettungsaktion«. Die Betriebswirtin arbeitet bei Raytheon Anschütz – sie und ihr Team sind international agierende Krisenbewältiger.

Dass das Unternehmen etwas unscheinbar in der Wik liegt, passt zur Wahrnehmung an der Förde. Raytheon-Anschütz ist ein führender Hersteller von Navigationssystemen für Handels- und Marineschiffe und Weltmarktführer bei der Ausstattung von Megajachten mit kompletten Brückensystemen. Nur viel Aufhebens macht die Geschäftsführung hierzulande davon nicht. Firmengründer und Vordenker der Hightech-Schmiede war vor mehr als 100 Jahren Hermann Anschütz-Kaempfe, der Erfinder des Kreiselkompasses. Seine Entwicklung hat die Navigation in der Schifffahrt revolutioniert. In jedem Autopiloten steckt auch ein bisschen Anschütz.

Gut, dass das Kerstin Wollmann nach dem Abitur bekannt war. »Ich dachte, Anschütz ist ein Traditionsunternehmen, die müssen eine klasse Ausbildung haben.« Auch das Betriebsklima scheint hohes Niveau zu erreichen. Jedenfalls unternehmen viele Mitarbeiter auch privat einiges miteinander. »Die Ausbildung beinhaltet die Beschäftigung mit unserer Tradition, auch das trägt zur Identifikation bei«, sagt Martin Richter, der Marketing-Manager. Und zur Bereitschaft, bei Bedarf auch rund um die Uhr Hilfe zu leisten. Kerstin Wollmann erzählt von einem Kreuzfahrtschiff, das am 23. Dezember 2015 aus Südamerika ein Steuerungsproblem meldete: »Da war klar, dass wir sofort handeln mussten.« Sie rief ihre Kollegen in Panama an, die hatten das nötige Ersatzteil auf Lager, ließen einen Techniker nach Buenos Aires fliegen und den Schaden beheben. Am ersten Weihnachtstag konnte das Schiff wieder den Anker lichten, die Silvester-Kreuzfahrt war gerettet und ein Millionenverlust verhindert. Dieser Rundum-Service ist für Raytheon Anschütz auch dank weltweit 50 eigenen Technikern ein großer Wettbewerbsvorteil. »Wenn etwas aus dem Ruder läuft, sind wir schnell vor Ort. Liegezeiten in Häfen können sehr teuer werden«, betont Richter.

Geschätzt etwa 30 000 Schiffe fahren 2017 mit Anschütz-Technik über die Weltmeere. Die deutsche Marine ist ein wichtiger Kunde, von Englands Royal Navy zogen die Kieler 2016 einen großen Auftrag an Land, der gut ein Vierteljahrhundert nachwirken wird. Kerstin Wollmann, die Krisenbewältigerin, wäre dann kurz vor ihrem Rentenalter.

* DIE FREUNDE EINSTEIN UND ANSCHÜTZ

Der Traum, den Nordpol mit einem U-Boot zu erreichen, führte dazu, dass Hermann Anschütz-Kaempfe 1904 im Alter von 32 Jahren in Kiel seinen ersten Kreiselkompass vorstellte. Ein Jahr später gründete er an der Förde sein Unternehmen Anschütz & Co. 1915 kam sein Mehrkreiselkompass auf den Markt. Beim Streit um das Patent wirkte Albert Einstein als Gutachter, womit 1915 die Freundschaft von Anschütz mit dem späteren Nobelpreisträger begann. Einstein verbrachte Sommerurlaube in Kiel und ging mit Anschütz segeln. Etliche weitere Navigations- und Steuersysteme für Schiffe haben ihre Wurzeln in Kiel; der erste Kartenplotter, Urgroßvater heutiger elektronischer Seekarten, oder der erste Autopilot. 1995 wurde Anschütz & Co. vom US-Rüstungskonzern Raytheon übernommen. In der Wik forschen und produzieren aktuell fast 600 Mitarbeiter.

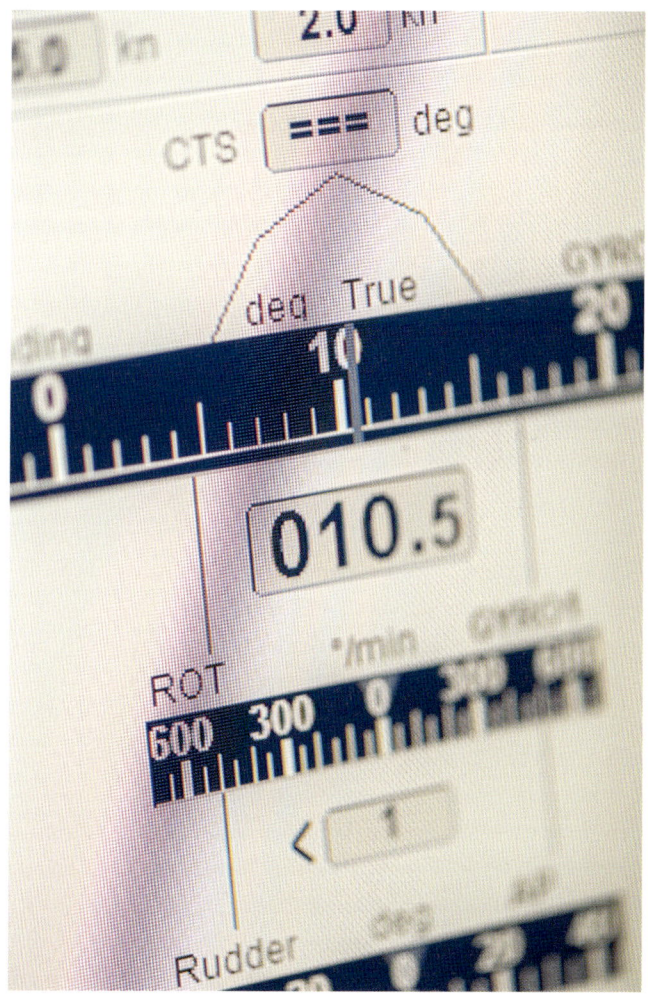

1916

DER TOTENLESER

Michael Tsokos lernte das Leichensezieren in Kiel

Diesen Mann kann eigentlich nichts erschüttern. Professor Michael Tsokos hat über 200 000 Leichen gesehen. Er hat Menschen seziert, die erwürgt, erstochen, ertränkt und gefoltert wurden. Er kennt alle Abgründe der Menschheit. Für das Bundeskriminalamt reiste er in den Kosovo und nach Bosnien. Dort half er beim Identifizieren von Leichen aus Massengräbern. Auch nach dem Tsunami in Thailand wurde seine Hilfe angefordert. Und als wäre das noch nicht genug, schreibt er Bestseller-Thriller, für die man ziemlich starke Nerven braucht. Aber wenn eines seiner fünf Kinder sich das Knie aufgeschlagen oder beim Frühstücken in den Finger geschnitten hat, muss er rausgehen. »Bei meinen eigenen Kindern kann ich kein Blut sehen«, gibt er zu und lächelt verschmitzt.

Michael Tsokos ist der bekannteste Rechtsmediziner Deutschlands. Er tritt in Talkshows auf, schreibt Kolumnen, berät Jan Josef Liefers vom Münsteraner Tatort und moderiert. Seine erste Leiche war Hamster »Fredi«. Da war Michael Tsokos fünf Jahre alt. Im Pappkarton mit Blumenstrauß wurde der im heimischen Garten in Kronshagen beerdigt. Viel später nach einem »miserablen« Abi, zwei Jahren Bundeswehr und dem zweitbesten Medizinertest deutschlandweit pflasterten von da an die Toten seinen Weg. »Mit einem Kollegen meiner Mutter, die das Kieler Gesundheitsamt geleitet hat, war ich oft im Kieler Krematorium«, erzählt Michael Tsokos. »Eine zweite Leichenschau ist immer Pflicht.« Gruselig fand er das nie. »Da liegt ja nur noch eine leere Hülle. Der Pilot ist raus.«

An den Geruch wird sich der Mann, der 1967 in Kiel geboren wurde und seit 2007 die Rechtsmedizin der Berliner Charité leitet, aber nie gewöhnen. »Leichengeruch ist unerträglich«, sagt er. »Leider habe ich auch noch einen guten Geruchssinn. Aber wenn ich am Seziertisch stehe, ist alles gut. Dann geht es nur noch um die Arbeit und die Suche nach der Todesursache.« Pfefferminzöl unter der Nase, wie es so schön im Film »Schweigen der Lämmer« gezeigt wird, geht übrigens gar nicht. »Meine Nase hilft mir beim Ermitteln.« So könnte der Geruch nach Hochprozentigem auf eine Alkoholvergiftung hindeuten. Riecht es nach Bittermandel, könnte Zyankali eine Rolle spielen.

Auch nach Jahrzehnten der Arbeit an Toten: An die Leichen von Kindern wird er sich nie gewöhnen. »An Gott kann ich deshalb nicht mehr glauben«, sagt Michael Tsokos. »Einen Gott, der so etwas zulässt, kann es nicht geben.« Mit der Streitschrift »Deutschland misshandelt seine Kinder« machte er 2014 seiner Wut Luft. Aber auch die Familie sorgt dafür, dass er nach einem Arbeitstag die faulenden Leichen und die oft grausamen Todesumstände vergessen kann. Jahrelang hatte er ein Ferienhaus in Brasilien vor den Toren Kiels. »Aber irgendwann war die Fahrt einfach zu lang«, sagt er. »Nun urlauben wir halt am See in Brandenburg. Im Herzen bleibe ich aber doch immer ein Kieler.«

* ASCHE ZU ASCHE, STAUB ZU STAUB

Im Jahr 1900 erhielt Kiel den dringend benötigten neuen Friedhof im Norden der Stadt, den Friedhof Eichhof. 16 Jahre später folgte die Eröffnung des Kieler Krematoriums in Verbindung mit einem Urnenfriedhof. Am 2. Februar 1916 wurde das Krematorium seiner Bestimmung übergeben. Der Schiffsreeder F.-J.-A. Paulsen wurde als Erster eingeäschert. 1960/1962 wurde eine kleine Feierhalle angebaut, die große Halle vergrößert. Um würdevoller Abschied nehmen zu können, entstanden 1980/1981 neue Aufbahrungsräume. Seit dem Jahr 2003 wird das Kieler Krematorium von der Feuerbestattungen Schleswig-Holstein GmbH privatwirtschaftlich betrieben. In vier Öfen können etwa 30 Einäscherungen pro Tag vorgenommen werden - im Notfall auch zu jeder Tages- und Nachtzeit. In Kiel sind 85 Prozent aller Bestattungen Feuerbestattungen.

DIE FAST VERGESSENE REVOLUTION

*Knut-Hinrik Kollex erforscht, warum einfache Matrosen
mit ihrem Aufstand deutsche Geschichte schrieben*

Hans-Jürgen Breuste ist ein Erinnerungsspezialist für Terror und Gewalt. Der bildende Künstler hat das Mahnmal Rampe Bergen-Belsen geschaffen und die mächtige Skulptur aus Granit und Stahl im Kieler Ratsdienergarten. Vermutlich würden viele Kieler dieses Denkmal in einem Quiz gar nicht erkennen, noch weniger würden wissen, an was es erinnern soll. Das passt wiederum zum Matrosenaufstand, der mitunter als »vergessene Revolution« bezeichnet wird. Die Novemberrevolution 1918 erlebte ihren Höhepunkt am 9. November schließlich auch in Berlin mit dem Sturz der Monarchie und dem Beginn der parlamentarischen Demokratie in Deutschland. Dass der Ursprung der Weimarer Republik hoch im Norden zu finden ist, geht häufig unter.

Knut-Hinrik Kollex möchte daran gerne etwas ändern. Der vor 37 Jahren in Kiel geborene Historiker schreibt seit Mai 2016 an seiner Doktorarbeit über den Matrosenaufstand, und er musste bereits registrieren, dass Kiel in wissenschaftlichen Werken über dieses Thema häufig im Vorwort abgehandelt wird. Selbst von seinen CAU-Kollegen am Lehrstuhl für Regionalgeschichte bekam er schon zu hören, er beteilige sich wohl an der Kieler Nabelschau. Weit gefehlt. Kollex, der sich schon als Kind in Kairo, wo sein Vater an der Deutschen Schule unterrichtete, für Tempel und Pharaonengräber interessierte und später an der Gelehrtenschule den Geschichtsunterricht mit seinem Lehrer

oft alleine bestritt, möchte speziell die Rolle der Kieler Matrosen an der Novemberrevolution untersuchen: »Ich versuche herauszufinden, was die einfachen Leute damals bewegt hat.« Das könnte diffizil werden, denn das Quellenmaterial von Aufständischen ist dürftig. Im Marinearchiv in Freiburg gibt es überwiegend Aufzeichnungen von Marineoffizieren.

Kiel wird keine große Bedeutung am Sturz des Kaisers zugeschrieben, Knut Kollex glaubt zu wissen warum: »In der Marine galt der Matrosenaufstand als Schandfleck, unter Historikern war die Rolle der Matrosen jahrelang sehr umstritten, in der DDR wurden die Matrosen dagegen als Avantgarde gefeiert. Das war lange mehr eine politische Diskussion.« Dabei gab es in Kiel schon 1916 erste Arbeiterunruhen wegen der schlechten Versorgung der Bevölkerung, und im Januar 1918 streikten Arbeiter ebenfalls. Im November, sagt Kollex, wollten viele Matrosen dann aber Frieden erzwingen und nicht in einer sinnlosen Flottenaktion verheizt werden. Womöglich, glaubt er, werde Kiels Bedeutung bei diesem Thema auch deshalb unterschätzt, weil hier damals schnell wieder Ruhe eingekehrt sei.

Dieses Geschichtsbild könnte sich im kommenden Jahr 2018, wenn sich der Aufstand zum 100. Mal jährt und Ausstellungen sowie Bücher geplant seien, vielleicht ändern. Seine Doktorarbeit, so schätzt er, wird allerdings frühestens 2019 fertig sein.

Die Marine-Arrestanstalt – Schauplatz des Matrosenaufstands 1918

Hier stand bis 1964 das Gebäude der Marine-Arrestanstalt. Nach 1865 errichtete die preußische Marine in der Brunswik ein gewaltiges Marineviertel: 1872 bezog die I. Matrosendivision zwei aus Gelbziegeln errichtete Kasernenblöcke. Dahinter entstand die Marine-Arrestanstalt, die zugleich als Gerichtsgebäude diente.

NEUESTE MELDUNGEN AUS KIEL

* AM 9. NOVEMBER DANKTE DER KAISER AB

Der Matrosenaufstand in Kiel gab den Anstoß für die Novemberrevolution 1918. Nachdem Ende Oktober Mannschaften von in Wilhelmshaven liegenden Kriegsschiffen das Auslaufen zur von der Marineführung befohlenen »letzten Entscheidungsschlacht« mit ihrer Meuterei verhindert hatten, kam es zwischen dem 1. und 5. November in Kiel zu Unruhen. Angeführt von dem Matrosen Karl Artelt und dem Werftarbeiter Lothar Popp demonstrierten am 3. November mehrere Tausend Menschen auf dem Exerzierplatz im Vieburger Gehölz für bessere Versorgung mit Lebensmitteln und das Ende des Krieges. Vor der Arrestanstalt der Marine kam es anschließend zu gewalttätigen Auseinandersetzungen mit sieben Toten und 29 Schwerverletzten. Von Kiel aus bildeten sich in vielen großen Städten Arbeiter- und Soldatenräte. Am 9. November dankte Kaiser Wilhelm II. ab.

1926

MIT HUMOR
AUF VERBRECHERJAGD

Ein Freispruch ist für Staatsanwältin Birgit Heß keine Niederlage

Ein bisschen ist die Situation so wie auf der Postkarte im Arbeitszimmer von Birgit Heß. Ein Dutzend Schäferhunde stehen aufmerksam in Reih und Glied, davor streift eine Katze auf ihrem eigenen Weg vorbei. Birgit Heß ist seit Februar 2016 die Leitende Oberstaatsanwältin in Kiel. Ein männerdominierter Bereich, in dem es noch nie eine Frau an der Spitze gab. Mit Leichtigkeit, Leidenschaft und viel Humor geht sie jeden Tag aufs Neue auf »Verbrecherjagd«. Ihr Büro in dem altehrwürdigen Gebäude der Staatsanwaltschaft ist herrlich bunt und erfrischend. An der Wand hängen farbenfrohe Acrylbilder. Die römische Göttin der Gerechtigkeit, Justitia, mit Augenbinde und Waagschale überm Konferenztisch. Drei große Pusteblumen hinter ihrem Schreibtisch, gegenüber fallende Federn mit viel Dynamik. Auf dem Sideboard stehen etliche gerahmte Fotos ihres Werdegangs. Bis auf fünf Jahre als Oberstaatsanwältin in Schleswig war sie immer in Kiel im Dienst. Hier hat sie auch studiert. »Ich komme nicht aus einer Juristenfamilie«, erzählt Birgit Heß. »Aber irgendwann war mein Beruf für meine Eltern schlüssig.« Lachend fügt sie hinzu: »Die dachten sich: Zu Hause hat sie ja auch immer Krimis geguckt und gelesen, nun macht sie ihre Krimis halt selber.« Birgit Heß, Jahrgang 1965, ist in Büdelsdorf aufgewachsen. »Immer wenn meine Eltern mit mir einen Ausflug nach Kiel machten, kamen wir hier am Schützenwall vorbei. Das mächtige Gebäude habe ich immer bewundert.« Nun sitzt sie mittendrin. Rund 75 000 Fälle werden pro Jahr von den 92 Staats-und Amtsanwälten in ihrem Hause bearbeitet. Dazu kommen noch etwa 45 000 »Unbekannt-Fälle«, bei denen bisher kein Täter ermittelt wurde, wie Fahrraddiebstähle oder Kelleraufbrüche.

Birgit Heß liebt ihren Job. Auch wenn es ihr nicht immer leicht fällt, Beschuldigte aus Mangel an Beweisen laufen zu lassen. »Aber das sehe ich sportlich und professionell«, sagt sie. »Ein Freispruch ist keine Niederlage.« Ärgern tut sie sich manchmal über das übliche »Stammtischgerede«. »Die Freiheit ist das höchste Gut, das wir haben. Wenn kein hinreichender oder gar dringender Tatverdacht besteht, können wir nichts machen.« Viele Fälle stellen Birgit Heß und ihr Team vor echte Herausforderungen. So etwa der Prozess gegen zwölf Litauer, die wegen schwerer Raubtaten auf Juweliergeschäfte vor Gericht standen. Oder das Verfahren gegen den sogenannten »Marzipan-Erpresser«, der vergiftete Süßigkeiten auf Schulhöfen auslegte und damit die ganze Stadt in Angst und Schrecken versetzte. Sie selbst kennt übrigens keine Angst. »Jeder weiß, dass wir austauschbar sind. Das wissen auch die Täter.« Mit Blick auf die Justitia fügt sie hinzu: »Dieses Gebäude soll ein Ort sein, an dem das Recht ohne Ansehen der Person und nach sehr sorgfältiger Abwägung der Sachlage gesprochen wird.« Für diesen Tag schließt Birgit Heß die letzte Akte. Ihr Mann und Kater Anton warten schon.

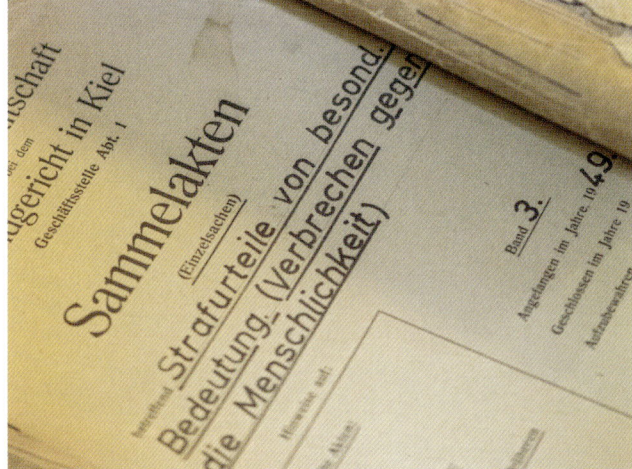

* VOM GEFÄNGNIS DIREKT INS GERICHT

Die Staatsanwaltschaft war ursprünglich im königlichen Gerichtsgebäude in der Ringstraße/ Ecke Königsweg untergebracht. Dort befanden sich auch das Landgericht, das Amtsgericht und das Gefängnis. Aus Platzmangel wurde bis 1919 ein neues Gefängnis in der Faeschstraße erbaut. Doch der Gefangenentransport zu und von den Gerichten war teuer und verleitete zudem zu Fluchtversuchen. Von 1922 bis 1926 entstand deshalb der Backsteinneubau am Schützenwall 31-35 mit Halbsäulen, runden Portalen und Balkonen. Direkt vom Gefängnis führen Gänge zu den einzelnen Gerichtssälen. Bei der Beseitigung von Bombenschäden wurde der Hauptflügel um ein Stockwerk erhöht, später kam ein Neubau in der Harmsstraße dazu. Eine Gedenktafel im Treppenhaus erinnert an den 1933 erschossenen Kieler Rechtsanwalt und Notar Wilhelm Spiegel.

1943

GEGEN DAS VERGESSEN

*Bettina von Elm holt ihren jüdischen Urgroßvater
aus der Anonymität*

Was bleibt von einem Menschenleben? Und noch viel wichtiger: Was ist ein Menschenleben wert? Bettina von Elm grübelt nicht lange über solche Dinge nach. Viel lieber handelt sie. Als sie 2016 auf einer Party von zwei jungen Syrern hört, die auf dem Kieler Nordmarksportfeld in ziemlich unpersönlichen Verhältnissen leben, zögert sie nicht eine Sekunde. »Ich hab Platz, die können bei mir wohnen.« Zwölf Stunden später ziehen die Brüder mit wenig Gepäck bei ihr im weißen Einfamilienhaus in Friedrichsort ein. Die deutsche Geschichte hat sie eines gelehrt: Das Motto »Leben und leben lassen« ist heute so wichtig wie nie zuvor.

So entschlossen, wie sie bei den beiden Flüchtlingen entschieden hat, ging sie auch auf Spurensuche in ihrer eigenen Familiengeschichte. »Unsere jüdische Vergangenheit war immer ein schwarzes Loch«, sagt Bettina von Elm, die 1962 geboren wurde. »Es wurde nur erzählt, dass mein Urgroßvater im KZ Auschwitz umgekommen ist.« Wir sitzen am großen schweren Esstisch aus Holz. Überall Akten und Hefter mit Dokumenten aus der Vergangenheit. Sie erzählt von einem alten Foto ihres Urgroßvaters, das einen Mann auf einer Strandpromenade zeigt, der vergnügt in die Kamera lächelt.

Aus den Akten liest sie vor, dass ihr Urgroßvater, der Jude Wilhelm Goldstein, 1880 in Hamburg geboren wurde. Im Alter von 24 Jahren nahm er den christlichen Glauben an, heiratete, bekam drei Töchter und wurde in Kiel erfolgreicher Kaufmann. »Er verdiente gutes Geld«, sagt Bettina von Elm. »Sie wohnten 20 Jahre in einer großen Wohnung in der Jahnstraße am Schrevenpark, später in der Friesenstraße, die heute der Theodor-Heuss-Ring ist. Meine Oma Charlotte bekam sogar Klavierunterricht und lernte Tennisspielen.« Aus den Unterlagen geht hervor, dass Wilhelm gesellig war, beliebt und in der Kieler Liedertafel sehr aktiv. Als Hitler an die Macht kam, wurde seine Firma boykottiert, er wurde aus dem Vereinsleben ausgeschlossen. Franziskanermönche, die ein paar Häuser weiter lebten, legten ab und zu Lebensmittel vor die Tür. Als Sangeskollegen heimlich Geld für die notleidende Familie sammelten, meldete ein Dienstmädchen das der Gestapo. Am 6. Januar 1943 wurde Wilhelm Goldstein Richtung Auschwitz deportiert und kam nie wieder. Bettina von Elm holt die Urkunde vom Standesamt Auschwitz heraus. »Herzversagen« steht dort und das Todesdatum 2. Februar 1943.

Zum 50. Todestag beschließt sie, den Namen ihres Urgroßvaters erneut nach Auschwitz zu tragen. Mit einem großen Kranz voller weißer Lilien setzt sie sich in ihren Passat und fährt durch den grauen Tag. »Es war bitterkalt, windig und regnerisch«, sagt sie. »Das war auch gut so. Das Lager war furchtbar trostlos. Es hätte mir nicht gutgetan, wenn es ein strahlender Frühlingstag gewesen wäre.« Seit August 2013 liegt vorm Theodor-Heuss-Ring 79 sein »Stolperstein«. Erinnerung an einen Kieler, der eigentlich nur in Frieden leben wollte.

* JUDEN LEBTEN MITTEN UNTER UNS

*In Kiel lebten 1932 rund 600 Juden. Die jüdische Gemeinde war nach der in Altona die zweit-
größte in Schleswig-Holstein. In der Reichskristallnacht am 9./10. November 1938 wurde
auch die Kieler Synagoge (erbaut 1910) in der Goethestraße am Schrevenpark in Brand gesetzt.
Die Kieler Juden wurden anschließend nach und nach in Konzentrationslager verschleppt.
Die Synagoge wurde nie wieder aufgebaut. Zum Gedenken steht jedoch an diesem Ort seit
1989 ein Mahnmal der Künstlerin Doris Waschk-Balz. Seit 2006 werden zudem in Kiel kleine
Messingplatten mit den Namen der Ermordeten in das Pflaster der Gehwege eingelassen.
Dort, wo die Opfer einst gelebt haben. Der Kölner Künstler Gunter Demnig hat dieses Projekt
ins Leben gerufen. Inzwischen liegen in über 700 deutschen Städten und elf Ländern Europas
über 40 000 solcher »Stolpersteine«. 1986 lebten noch fünf Juden in Kiel.*

1945

DER FLANDERNBUNKER – EIN UNBEQUEMES KAPITEL

Jens Rönnau, der Macher von »Mahnmal Kilian«

Jens Rönnau kommt gerade noch rechtzeitig zum Termin. Das ist nicht untypisch für den Mann, der von sich behauptet, zu wenig Zeit und Schlaf zu haben. Zu wenig Geld hat er ebenfalls, das heißt, nicht er persönlich, obwohl der promovierte Kunsthistoriker nicht wirkt, als habe er Reichtümer angesammelt. Nein, zu wenig Geld besitzt eher die Institution, die ihm wichtig ist. 1995 hat er den Verein »Mahnmal Kilian« gegründet. Rönnau ist dessen Vorsitzender, er ist dessen Motor, beim um plakative Etikette selten verlegenen Boulevard hieße er wahrscheinlich »Mister Mahnmal«.

An einem trüben Vormittag steht Jens Rönnau im Flandernbunker. Der ist für ihn so etwas Ähnliches wie Wimbledon für Boris Becker: das Wohnzimmer. Natürlich wohnt Rönnau hier nicht, das denkwürdige Bauwerk ist ja auch alles andere als heimelig. In dem ruinenhaften Gemäuer aus dem Zweiten Weltkrieg ist es kalt und ungemütlich, darauf lässt schon das Schild schließen, nachdem man eine schwere Eisentür dazu bewegen konnte, den Eintritt freizugeben: »Bitte achten Sie auf niedrige Decken, steile Treppen und Stolpermöglichkeiten am Boden. Betreten auf eigene Gefahr.« Im Bauch des Bunkers liegen Betontrümmer des einstigen U-Bootbunkers »Kilian«, Schutt neben verrosteten Fliegerbomben.

Jens Rönnau hat viel zu erzählen. Er redet schnell und nahezu ohne Pausen. Die Zeit läuft. Er erzählt von seiner Arbeit und von seinen Mitarbeitern, die viel Engagement zeigten, zum Teil vom Jobcenter bezahlt würden. »Ohne diese Menschen und unsere Ehrenamtler könnten wir das Museum nicht aufrechterhalten«, versichert der älteste von fünf Brüdern, für den diese Bildungsaufgabe, wie er es nennt, einem ehrenamtlichen Fulltime-Job gleicht: »Das geht längst über die rote Linie des Machbaren hinaus.«

Man muss schon eine gehörige Portion Idealismus mitbringen, um in drei Partnervereinen, einer Schulkooperation und etlichen Ausschüssen tätig zu sein. Oder man muss Geschichtsvermittlung als Auftrag verstehen. Beides trifft auf Rönnau zu, der auch als Herausgeber und Buchautor (»Stolperstein der Geschichte«, »Open-Air-Galerie Kiel«, »Wertewandel im Werk von Raffael Rheinsberg«) die Vergangenheit nicht in Vergessenheit geraten lässt. Das bewog die Ratsversammlung 2014, den gebürtigen Kieler mit der Andreas-Gayk-Medaille zu ehren, was der Ausgezeichnete so kommentiert: »Es zeigt, dass die Stadt Kiel sich zunehmend der Aufgabe der Erinnerungskultur stellt.« Darunter versteht er, ein unbequemes Kapitel der Geschichte offen und ehrlich der Gesellschaft zu vermitteln und zu diskutieren. Das müsse sensibel geschehen, ohne erhobenen Zeigefinger, idealerweise auch in außerschulischen Angeboten. Zum (Ge)Denken anregen möchte er die Jugend schon: »Wenn wir nicht denken, haben wir verloren.« Dabei betont er jedes Wort. So viel Zeit muss sein.

* BEVÖLKERUNG FAND HIER ERST 1945 SCHUTZ

1943 begann die Reichsmarine unter Einsatz von Zwangsarbeitern mit dem Bau des Flandern-
bunkers, der im Juni 1944 fertiggestellt war. Errichtet wurde der 11,5 m hohe Bunker mit seinen
2,5 m dicken Außenwänden für die 5. U-Boot-Flottille, er diente zudem als Kommandantur
und Funkzentrale. Von hier wurden sämtliche Schiffsbewegungen in der Ostsee koordiniert.
Erst gegen Kriegsende 1945 wurde das Bauwerk für die Bevölkerung als Schutzraum geöffnet.
2001 ersteigerte der Verein »Mahnmal Kilian« den leer stehenden Bunker und baute diesen zu
einem Museum und einer Erinnerungsstätte um. Im Schnitt kommen jedes Jahr etwa 5000
Besucher, darunter etwa 30 Schulklassen. Der Verein, der seine Arbeit aus öffentlichen Mitteln
sowie Spenden finanziert, bietet trotz seines geringen Budgets jährlich rund 100 Führungen,
Workshops, Vorträge und Lesungen an.

1951

INFIZIERT VOM VESPA-VIRUS

Antje Wertz genießt mit ihrem Mann
das italienische Lebensgefühl

Bei einem Großvater mit Harley und anderen Motorrädern hätte Antje Wertz eigentlich eine andere Leidenschaft entwickeln müssen. Doch sie verliebte sich nicht in schwere Maschinen, sondern in den beliebtesten Roller der Welt, die Vespa. Auf ihrem Resthof in Kiel stehen unzählige Modelle im umgebauten Kuhstall. Darunter eine Vespa 50 SR, von der es weltweit nur 579 Stück gibt, zwei Gespanne und ihr Roller aus der Jugendzeit. Zusammen mit ihrem Mann Matthias teilt sie die wunderbare Unvernunft, mit dem eher langsamen italienischen Kultobjekt die Welt zu entdecken. Mit Fahrtwind um die Nase, Lebenslust in den Augen und der Sehnsucht nach Abenteuern im Herzen.

Kaum hatte sie den Führerschein in der Tasche, kaufte sich die 1969 geborene Antje Wertz auch schon ihre erste Vespa. »Das war eine kleine, eckige PK 80«, erzählt sie. »Im Vespa-Club wurde ich damit etwas belächelt, weil sie so langsam war. Ich bin aber ein halbes Jahr tapfer weitergefahren.« Dann erstand sie eine PX 200, die sie heute noch hat. »Das ist der perfekte Roller für Touren.« Damals lebte sie noch in Bremen, gründete dort mit anderen den Club »Die Bremer Vespa-Freunde« und lernte 1999 ihren Mann kennen. »In dem Jahr ging es mit den Rollern nach Girona in Nordspanien zur Eurovespa«, erinnert sie sich. »Da fand ich meinen Mann noch ziemlich nervig. Matthias hatte sich als Kieler bei uns eingeklinkt und wollte möglichst schnell die Strecke abreißen. Das war nun gar

nicht unsers.« Sie bevorzugt eher das gemütliche Reisen, die Pausen zwischendurch.

Bei einem späteren Vespa-Treffen irgendwo in Deutschland hatte Matthias Wertz dann wohl einen besseren Eindruck hinterlassen. Die beiden wurden ein Paar und lebten eine Wochenendbeziehung. Irgendwann zog sie mit Hannoveranerstute »Ronja« und Roller in die Landeshauptstadt. Den Vespa-Club hier kannte sie eh schon. »Das ist das Tolle an Rollerfahrern«, sagt Antje Wertz, die bei der Stadt Kiel arbeitet. »Wir sind wie eine Familie. Man trifft sich eigentlich immer irgendwo.« So reisten die beiden zu Treffen in Deutschland und Europa. Vorn und hinten auf dem Roller eine Gepäckrolle. Zum Abendessen gab es Dosenravioli. Sie genossen die Freiheit, den Zusammenhalt in der Szene, das bewusste Fahren.

Als Tochter Ilka 2003 auf die Welt kam, wurde eine schwarze Vespa mit Beiwagen angeschafft. In der heimischen Werkstatt wuchs die Kleine zwischen Kurbelwellen, Motoren, Schraubenschlüsseln und Ölkannen auf und ist schon längst vom Vespa-Virus infiziert. Viel wird an den Rollern geschraubt, denn eine Vespa ist eine zickige alte Diva. Bei Feuchtigkeit springt sie auch schon mal nicht an. Trocken und warm muss es sein. Italienwetter halt. Aber vielleicht macht das gerade den Reiz aus. Denn die Vespa steht auch für das italienische Lebensgefühl von Freiheit und Aufbruch.

* AUDREY HEPBURN MACHTE DIE VESPA WELTBERÜHMT

Ob die italienische Firma Piaggio ahnte, als sie 1946 den ersten »Käfer auf zwei Rädern« auf den Markt brachte, dass die Siegesfahrt der Vespa (italienisch für: »Wespe«) auch heute noch anhält? Als die feingliederige Audrey Hepburn zusammen mit Gregory Peck im Film »Ein Herz und eine Krone« mit der Vespa durch Rom knattert, und einen wahren Vespa-Boom auslöst, ist der Kieler Vespa-Club schon zwei Jahre alt. 1951 wurde er gegründet. Ende der 60er kam noch eine Autosparte dazu. Nun heißt er Vespa- und Automobilsportclub (VAC Kiel). Zum Glück, denn dank der Autoturniere und Slalomrennen überlebte der Club. Vespafahren war in den 60er- und 70er-Jahren nicht mehr populär. Clubs in ganz Deutschland lösten sich auf. Der Kieler Club blieb und gehört inzwischen zu den zehn ältesten Vespa-Clubs in Deutschland. Die rund 50 Mitglieder treffen sich einmal im Monat. Dann wird geschraubt, geklönt und die nächste große Tour geplant.

1952

ZIEMLICH BESTE FREUNDE

Der Kino-Kenner André Liebmann
hält im Metro die Künstler bei Laune

André Liebmann und die Kinos. Das ist eine Liebe, die noch so frisch ist wie am ersten Tag. Auch wenn sich über die Jahre viel verändert hat. »Früher war ein Kinobesuch etwas ganz Besonderes«, sagt er. »Man hat sich damals richtig schick gemacht. Ein Kinobesuch war ein Event. Heute aber kriegste keine Frau mehr mit einem Film.«
Die Kino-Leidenschaft hat André Liebmann schon mit der Muttermilch aufgesogen. Sein Vater war Kino-Vorführer im »Central« in der Eckernförder Straße. Seine Mutter arbeitete in den Bahnhofkinos »Rivoli & Bali«. Dort, wo später die Pornofilme liefen. »Damals wurden die Schaukästen noch richtig toll dekoriert«, erzählt er. »Als der Film ‚Ein Toter hing im Netz' gezeigt wurde, war natürlich auch ein Fischernetz mit einer Schaufensterpuppe zu sehen.«
An seinen ersten Film erinnert er sich selbstverständlich auch noch: ‚Bambi': »Ich war damals vier und meine Schwester hatte mich mitgenommen. Ich hab' Rotz und Wasser geheult. Aus heutiger Sicht frage ich mich natürlich, wie ich da überhaupt reingekommen bin. Der Film war erst ab sechs.«
Im Alter von 13 Jahren fing André Liebmann 1975 neben der Schule an, im »Central« Eis zu verkaufen. Mit 15 wechselte er einmal die Woche für alle Kinos die Buchstaben auf den Anzeigetafeln. Dann düste er mit seinem Mofa und einem kleinen Anhänger voller A's und B's durchs nächtliche Kiel.

»Vier Fäuste für ein Halleluja« mit Terence Hill und Bud Spencer gehörte dabei nicht gerade zu seinem bevorzugten Titel. Ein Buchstaben-Gefriemel ohne Ende. Da lobt er sich doch sein Lieblingsmusical ‚Hair'. »Es hat nicht nur einen kurzen Titel, sondern entspricht auch heute noch voll und ganz meinem Lebensgefühl von Love, Peace und Rock'n'Roll.«
Am Kieler Ostufer gab es damals etliche kleine Kinos. Und die teilten sich einen Film, der meist aus fünf bis sieben Spulen bestand. »Die Filme starteten um eine halbe Stunde versetzt«, sagt er. »Gerade genug Zeit, um mit dem Mofa schnell die schon gezeigten Filmrollen zum nächsten Ort zu bringen.«
Während im Vorführraum »Eis am Stiel«, »Her mit den kleinen Engländerinnen« und »Schulmädchenreport« liefen und die Popcorn-Maschinen auf Hochtouren arbeiteten, wurde André Liebmann erwachsen.
In allen Kieler Kinos hat er gearbeitet. Er erlebte den Wandel vom Analogen zum Digitalen, sah das Kinosterben, aber auch die Wiederauferstehung des Metro-Kinos 2006.
Heute umsorgt er hier als künstlerischer Leiter mit seiner herzlichen Art Live-Gäste wie Fernsehmoderator Jürgen von der Lippe oder die US-amerikanische Entertainerin Gayle Tufts. André Liebmann und das Kino? Das kann man eigentlich nur mit einem Filmtitel beschreiben: »Ziemlich beste Freunde.«

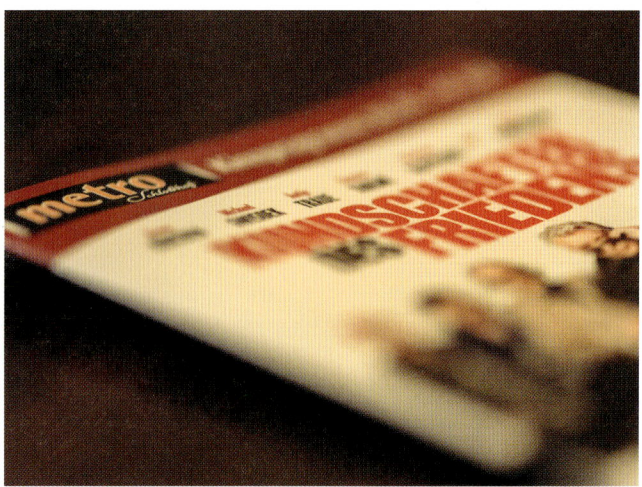

* DAS METRO – EIN STERN AM KINOHIMMEL

Einst existierten in Kiel mehr als 100 Kinos. 1906 eröffnete das »Holstentheater«. Zahlreiche weitere Lichtspielhäuser folgten. Wie das große »Gloria« an der Holstenbrücke mit über 1400 Sitzplätzen, das »Central« in der Eckernförder Straße, das »Regina« in der Holtenauer. Der ehemalige Schlosshof wurde 1939 Lichtspielhaus, und die Kieler kamen in Scharen, um Clark Gable oder Greta Garbo auf der Leinwand zu sehen. Doch das Gebäude wurde im Krieg zerstört und erst 1952 als »Metro« wiedereröffnet. So manche Weltpremiere lief hier über die Leinwand, so mancher Schauspieler wie Curd Jürgens kam nach Kiel. Als 1995 am Bahnhof ein Multiplex-Kino entstand, mit Hightech und moderner Ausstattung, gingen die Lichter auch im »Metro« aus. Erst 2006 hauchte ein neuer Betreiber dem Gebäude wieder Leben ein. Neben den neuesten Filmen gibt es hier seitdem auch Autorenlesungen, Comedy, Kabarett und Konzerte.

1968

PROTESTE, BLOCKADEN UND DIE SCHLACHT AM LANDESHAUS

Objektkünstler Bernhard Schwichtenberg über die wilden Jahre

Wer Bernhard Schwichtenberg besucht, der registriert sofort, dass er nicht bei »Schöner wohnen« gelandet ist. Sein Haus ist ein Kuriositätenkabinett, der emeritierte Muthesius-Professor ist offenbar ein Abkömmling des Stamms der Jäger und Sammler. Er hat so viele Bilder und Bücher, Skizzen und Skulpturen in seinem Atelier gehortet, dass dem Gast nur eine schmale Schneise bleibt, um sich im Kunst-Dschungel voranzutasten. Rechts vor der Terrassentür steht auch noch der »Maestro himself«, lebensgroß, mit grauem Kittel und buntem Käppi. Bewegungsunfähig da aus Kunststoff, wäre er aus Fleisch und Blut, wäre sein Aktionsradius genauso gering – aus Platzmangel.

Bernhard Schwichtenberg hat Kaffee gekocht, und er hat sich Zeit genommen. Er weiß, dass es um die 68er in Kiel gehen soll und seine bescheidene Rolle, die er in dieser turbulenten Zeit gespielt hat. Doch zunächst einmal will er über Kunst reden und sein Leben, was nicht voneinander zu trennen ist, denn Kunst ist sein Leben. Das Licht der Welt erblickte er 1938 in Berlin, mit drei zog er nach Kiel, mit neun weiter nach Köln. Dort fischte er im Sommer 1947 Kunstblätter aus dem Rhein, doch den Beginn seiner künstlerischen Karriere markiert eher ein Geschenk: eine elektrische Eisenbahn von Trix. »Mit elf habe ich meinen ersten Elektromotor gefeilt und eine Mühle gebaut«, erzählt er und man ahnt, warum aus dem kleinen Bernhard ein großer Objektkünstler geworden ist, der für seine drah-

tigen und kinetischen Kompositionen jede Menge Preise eingeheimst hat.

Gut, Herr Schwichtenberg, wie war das denn nun mit den wilden Jahren Ende der 60er? »Es war wirklich eine denkwürdige Zeit, ich saß in Ausschüssen der CAU, da hat man sich am einen Ende des Tisches geduzt und am anderen wurde der Rektor wie eh und je mit ,Magnifizenz' angesprochen.« Schwichtenberg, der damals schon die Haare lang trug (»Daran hat sich nicht viel geändert, nur grau sind sie geworden«), erzählt von der »Schlacht am Landeshaus«, in die er 1969 mit einem eigenhändig gemalten Plakat gezogen ist: »Wir Muthesianer waren überall dabei, meistens sind wir geschlossen zu den Demos gegangen.« In Seminaren sei es mitunter handfest zugegangen, einmal so heftig, dass der Dekan die Polizei rief: »1968 bestand die Welt für uns nur aus Problemen, wir waren mit nichts zufrieden.« Das änderte sich für ihn persönlich 1969 mit dem Eintritt in die SPD. Wegen Willy Brandt. Später unterstützte Schwichtenberg Wahlkämpfe von Björn Engholm und Heide Simonis. »Ich war in Schleswig-Holstein mit Günter Grass so etwas wie der Motor der Wählerinitiativen«, nimmt er für sich in Anspruch.

Zum Abschied schaltet er sein »Skurribile« an, lässt eine kleine Spinne am Bild einer Frau im BH tanzen, und dem Besucher wird klar, warum der Mann mit der Mütze für Walter Jens als »Augenöffner« galt.

Selbst im Gehäus
1997
Bernhard Schwichtenberg

* 1000 POLIZISTEN GEGEN 5000 STUDENTEN

»Unter den Talaren – Muff von 1000 Jahren«: Das war die Parole der »68er«. »Gemessen an der Einwohnerzahl spielte Kiel eine relativ bedeutende Rolle«, hat CAU-Professor Christoph Cornelißen über die Proteste einmal geurteilt. Diese begannen 1967 mit Demonstrationen gegen den Deutschlandbesuch des Schah von Persien. Der Tod des Berliner Studenten Benno Ohnesorg trieb rund 2000 Kieler auf die Straßen. Im selben Jahr traten Jimi Hendrix und Eric Clapton im Star-Palast in Gaarden auf. 1968 gab es Blockaden und Wasserwerfereinsätze wegen städtischer Fahrpreiserhöhungen. Bei der »Schlacht am Landeshaus« 1969 standen 1000 Polizisten 5000 Studenten gegenüber. Bernhard Schwichtenberg war dabei, der Lehrbeauftragte an der Muthesius-Hochschule, der dort 1978 Professor für Grafik-Design wurde. Seine Objektkunst hat er in 260 Ausstellungen gezeigt.

1972

EIN NETTER TENOR
UND EINE ZICKIGE OPERNDIVA

Was Uwe Brandenburg als Fackelläufer in Schilksee erlebte

Uwe Brandenburg muss in seinem Haus nicht lange suchen. Ein paar Schritte, und schon hält er jene Fackel in den Händen, die er am 28. August 1972 durch Schilksee trug. Das gute Stück aus Edelstahl blinkt und glänzt, die Gravur am Griff »Spiele der XX. Olympiade« sieht tadellos aus. Dass er die Original-Fackel überhaupt besitzt, ist eine spezielle Geschichte. Eine von mehreren, die der Physiotherapeut fast fünf Jahrzehnte später mit den Olympischen Segelspielen verbindet.

Der Malenter Sportinternatsschüler war 1972 zwölffacher Landesmeister in der Leichtathletik. Im Oktober sollte er auch noch deutscher Jugendmeister im Zehnkampf werden. Deshalb hatte der Landessportverband den 18-Jährigen auserwählt, das olympische Feuer im Hafen von Schilksee zu entfachen. Doch zwei Monate vor der Eröffnung erreichte ihn die Bitte von LSV-Präsident Karl Bommes, es werde gewünscht, dass ein junger Segler Schlussläufer sei. Der sollte Philipp Lubinus heißen, Sprössling einer alten und erfolgreichen Segler-Familie. Brandenburg: »Herr Bommes sagte mir: »Du kannst das ablehnen«, doch mir war es nicht so wichtig, Schlussläufer zu sein. Und ich konnte es verstehen, dass ein Segler das macht.«

Also ließ Brandenburg dem 16-jährigen Philipp Lubinus den Vortritt, lief als Vorletzter und mischte sich bei strahlendem Sonnenschein unter die rund 20 000 Zuschauer. Er hatte seine olympischen Erlebnisse ohnehin schon hinter sich.

In den Wochen zuvor hatte er Udo Jürgens, Vicky Leandros, Anna Moffo und Rudolf Schock bei der Aufzeichnung einer Show hautnah erlebt, nachdem er für den Fackellauf geprobt hatte. Die Operndiva Anna Moffo sei ein bisschen zickig gewesen, erinnert er sich, ihre Schuhe drückten, der Tenor Rudolf Schock habe total nett auf sie eingeredet.

In den Minuten vor der Eröffnung kam der blonde Modellathlet – 93 Kilo schwer und 1,92 m groß – ins Gespräch mit dem Kapitän der spanischen Segler, dem späteren König Juan Carlos. »Ich musste mit meiner Fackel ein bisschen warten, da sprach er mich auf Englisch an.« Den König traf er am 29. April 2000 wieder. Nach dem verlorenen Champions-League-Finalrückspiel in Barcelona hängte Juan Carlos dem Physiotherapeuten des THW Kiel die Silbermedaille um den Hals. Angesprochen hat der heutige Geschäftsführer der Sport-Reha Kiel den Monarchen nicht, er befand sich noch in einer Art Schock, denn: »Die Schiris hatten uns in den letzten Minuten verpfiffen.«

Doch zurück zur Fackel, von der es hieß, jeder Läufer dürfe sie behalten. Die hatte Brandenburg nach seinem Auftritt auseinandergeschraubt und in einer Tragetasche deponiert, die seine Mutter Liesbeth extra mit nach Schilksee gebracht hatte und hütete. Als ein Funktionär kam und die Trophäe begehrte, fackelte der clevere Schüler nicht lange und ließ den Herrn mit den Worten, er wisse nicht, wo das gute Stück geblieben sei, abblitzen.

* KIELER VERHANDLUNGSGESCHICK

Nach 1936 durfte Kiel 1972 erneut Olympische Segelspiele veranstalten, da sich die Landeshauptstadt im Bewerberverfahren gegen Lübeck durchgesetzt hatte. Kiel profitierte von dieser Entscheidung enorm, und nicht nur, weil in Schilksee ein neues Segelzentrum entstand. Zur verbesserten Infrastruktur gehörten vor allem die Autobahnanbindung A 7 an Hamburg sowie die neue Hochbrücke über den Nord-Ostsee-Kanal und die sanierte Bundesstraße 503. Die Kosten für Straßenbau in Höhe von 110 Millionen Mark trug der Bund. Von den rund 82 Millionen für das Olympiazentrum Schilksee und dessen Umgebung übernahm der Bund die Hälfte, die andere teilten sich Land und Stadt. Die gesamten Ausgaben für die Segelspiele 1972 betrugen rund 500 Millionen Mark. Kiel hatte so geschickt verhandelt, dass davon nur etwa 25 Millionen aus dem Stadtsäckel stammten.

1973

ZUNGENWURST STATT ZEITUNG

Für Toni Corradin ist Kochen Musik in den Ohren

Schnell, schnell, schnell. Das ist das Motto von Toni Corradin. Wenn er durch seine kleine Küche wirbelt, das Fett munter in der Pfanne spritzt und die Nudeln im Salzwasser kochen, ist der Italiener in seinem Element. »Wir haben zu 90 Prozent Stammkunden«, sagt er nicht ohne Stolz und wendet vorsichtig das Zanderfilet. Sein »San Marco« ist die älteste Pizzeria in Kiel, die von einem Italiener geführt wird. Und Toni Corradin ist gefühlt schon längst ein waschechter Kieler geworden.

Vor acht Jahren war er das letzte Mal in seiner Heimat. Im Norden Italiens im Piemont. »Da ist es nicht viel anders als hier«, sagt er. »Auch wir haben Schnee und Kälte.« Während die Ravioli mit Entenfüllung in der Pfanne langsam den feinen Geschmack der frischen Salbeiblätter annehmen, eilt er schnell zwei Schritte in den Schankraum. »Hier«, sagt er und zeigt auf ein gerahmtes Diplom an der Wand, »in der Hotelfachschule in Italien habe ich gelernt. Gleich danach hat mich ein Freund als Kellner nach Timmendorf ins Maritim geholt.« Schnell musste er lernen, mit den Tücken der deutschen Sprache zu leben. »Einmal wollte ein Gast eine Zeitung«, sagt er lachend. »Ich hab ihm Zungenwurst gebracht. Dabei war ich so stolz, dass ich endlich mal was verstanden habe.«

Heute kann ihm das nicht mehr passieren. Auch wenn in der Küche die italienischen Worte nur so durch die Luft fliegen. »Avanti!«, hört man dabei am häufigsten. Toni Cor-

radin und seine Angestellten sind ein eingespieltes Team. »Wir sind die Rentnerband«, sagt der Chef, der 1953 geboren wurde. Seit etwa 30 Jahren mit dabei ist Paolo, der einen italienischen Vater und eine somalische Mutter hat. Genauso wie Samir aus Algerien, Mike aus Rumänien und Danuta aus Polen. Sie alle haben über die Jahre gelernt, mit dem italienischen Temperament ihres Arbeitgebers umzugehen.

Gegründet hat Toni Corradin das »San Marco« übrigens nicht. Das tat Luigi Camelli im Februar 1973. Im folgenden Jahr war Toni aber schon als Kellner dabei. 1980 übernahm er das Restaurant. »Kiel ist eigenartig«, sagt er, »die goldenen Jahre sind vorbei. Die Lage war früher bestens, heute aber leider nicht mehr.« Überall werde gebaut, es gebe keine Parkplätze: »Aber es soll ja alles besser werden. Nur hab ich davon heute nichts.« Noch aber habe er Spaß am Kochen und an seinen Gästen. Er erzählt von seinen beiden Söhnen, die über seine familienunfreundlichen Arbeitszeiten und das unregelmäßige Einkommen den Kopf schütteln. Er schwärmt von dem Buch »Kochen ist Krieg«, denn genau so sei es. Und berichtet von dem typischen Kieler, der schon mal vorm Essen einen Cappuccino bestellt. An den sechs Kochfeldern des riesigen Gasherdes heizen die Flammen den Töpfen und Pfannen ordentlich ein. Es zischt und dampft, spritzt und brutzelt. Für Toni Corradin ist das wie Musik in den Ohren. Kochen mit allen Sinnen.

* ALS GASTARBEITER IN DER FREMDE

Nach den Kriegsflüchtlingen hat Kiel seit 1960 eine weitere Gruppe Neubürger bekommen: die Gastarbeiter. 1964 feierte die Bundesanstalt für Arbeit den Millionsten Gastarbeiter in Deutschland. Es waren die niedrig qualifizierten und unterbezahlten Jobs, für die sie in unser Wirtschaftswunderland geholt werden. Schon Ende 1955 schloss Bonn mit dem von Arbeitslosigkeit geplagten Italien die erste »Anwerbevereinbarung«. Das deutsch-türkische Pendant wurde im Herbst 1961 vereinbart. HDW und der Seefischmarkt Kiel waren die größten Arbeitsanbieter für die türkischstämmigen Neubürger im Raum Kiel. Die Italiener kamen vor allem in der Gastronomie unter. 1982 lebten über 13 000 Ausländer in der Landeshauptstadt, über 60 Prozent kommen aus der Türkei. Die meisten wollten nur ein paar Jahre bleiben. Doch inzwischen ist daraus bei vielen ein halbes Jahrhundert geworden. In Kiel lebten 2015 insgesamt 4629 Türken und 382 Italiener.

1974

SCHÖNE AUSSICHTEN

Sartori & Berger bietet Kunden in der Schifffahrt
eine Rundumversorgung an

Der Blick aus dem Fenster ist fantastisch. Er geht über die Förde hinüber aufs von der Sonne bestrahlte Ostufer, steuerbords liegen die Fähren der Stena und Color Line im Hafen. »Schon schön«, sagt Jens-Broder Knudsen, »ich genieße die Aussicht jeden Tag.« Der geschäftsführende Gesellschafter von Sartori & Berger hat aus seinem Büro im vierten Stock des Sartori-Speichers seine Kundschaft im Blick, mit der Color Line arbeitet die Kieler Agentur seit fast sechs Jahrzehnten zusammen.

Nach dem kurzen Sightseeing begibt sich Jens-B. Knudsen an seinen Besprechungstisch, greift zum bereitstehenden Kaffee und beginnt zu erzählen. Über die Firma, über sich und über Schiffe, die untrennbar mit dem fast 160 Jahre alten Familienunternehmen verbunden sind. Der 1971 geborene Chef im eleganten dunkelblauen Anzug spricht von einem »klassischen« Familienunternehmen: »Wir sagen manchmal scherzhaft, unseren Mitarbeitern soll es bei uns besser gehen als zu Hause.« Besonders gut ging es offenbar dem Prokuristen Gustav Rast, bis 1971 50 Jahre ein »Sartorianer« in Brunsbüttel. Sein Sohn Harald ist sogar schon 52 Jahre dabei. Jens-Broder Knudsen erzählt auch die Geschichte eines auf See gebliebenen Kapitäns, der vor dem Untergang seines Frachters noch schnell die Abrechnung machte und mit dem Brief an seine Frau in eine Flaschenpost steckte: »Er hat zuerst an die Firma gedacht und dann an die Familie, unglaublich.«

Dieses Denken dürfte den Knudsens nicht fremd sein. Jens-Broder leitet das Schifffahrtsunternehmen in dritter Generation, sein Vater Volkert ist der Hauptgesellschafter, die beiden verbindet ein »exzellentes Verhältnis«, betont der Sohn: »Schon als kleiner Junge wollte ich genau wissen, was er macht.« Um das zu verstehen, war es lehrreich, neben einer Ausbildung zum Schifffahrtskaufmann zwei Jahre in New York als Befrachtungsmakler zu arbeiten und anschließend für zehn Monate mit einer Sieben-Tage-Woche als Zahlmeister bei der Carnival Cruise Lines. Seine Kabine unter der Wasserlinie mit dem kleinen Spind hat er nie vergessen. Im väterlichen Unternehmen heuerte er 2003 an, als Prokurist für den Nord-Ostsee-Kanal. Für ihn galt, das Unternehmen in seiner ganzen Breite zu verstehen.

Sartori & Berger bietet Kunden Rundumversorgung an, alles, was auf und vom Schiff soll, wird organisiert. Muss der Smutje zum Zahnarzt, kein Problem, wünschen potente Kreuzfahrtgäste einen Trip im Privatjet nach Neuschwanstein, wird kalkuliert. Auf diesem Sektor ist man seit 1974, als die »Europa« den Ruf Kiels als Kreuzfahrerhafen begründete, führend. 2016 betreute die Agentur in deutschen und polnischen Häfen 680 Kreuzfahrtanläufe. Dass immer mehr Reedereien seine Heimatstadt ansteuern, erfreut Jens-B. Knudsen. Das ist gut für den Standort und den Ausblick. Schöne Perspektiven, wohin man schaut.

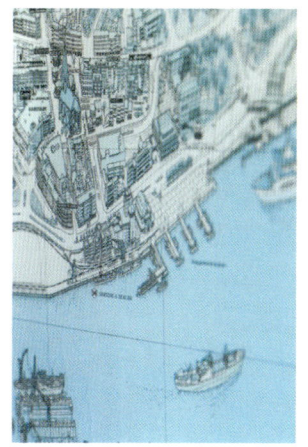

* FÜHRENDE AGENTUR AN NORD- UND OSTSEE

Sartori & Berger kann 2018 auf 160 Jahre Firmengeschichte zurückblicken. 1968 kaufte der Rendsburger Reeder Knud Knudsen, von 1967 bis 1969 Wirtschaftsminister in Schleswig-Holstein, das 1890 noch unter »Dampf- und Segelschiff-Rhederei« firmierende Unternehmen. 1972 endete die Ära der Fracht- und Postschiffe. Seitdem konzentriert sich »S & B« auf maritime Dienstleistungen und gilt als führende Agentur an Nord- und Ostsee. Im 1925 erbauten Sartori- Speicher an der Förde, in allen deutschen Häfen sowie in Danzig arbeiten 250 Angestellte. Sie betreuen Passagen durch den Nord-Ostsee-Kanal, rüsten seit 1974 mit der »Europa« Kreuzfahrer aus, Fähren sowie alle anderen Arten von Schiffen. Seit fast 60 Jahren ist das Familienunternehmen auch Partner der Color Line. Nach Volkert Knudsen ist dessen Sohn Jens-Broder seit 2008 in dritter Generation Geschäftsführer.

DISCO-KÖNIG UND EHESTIFTER

Claus-Jürgen Ruge revolutionierte die Nachtclub-Szene

Lulu war der König der Legienstraße. Jeden Abend ließ er es krachen. Er tanzte morgens um drei mit Udo Jürgens, legte die coolste Musik auf, hatte die schönsten Mädchen an seiner Seite und Geld wie Heu. Claus-Jürgen Ruge, wie Lulu mit richtigem Namen heißt, war in den 80er-Jahren der Besitzer der Diskothek Tamen-T und revolutionierte die gesamte Szene. »Es war eine supertolle Zeit«, sagt er.

1979 übernahm Lulu den Studentenclub. Ein halbes Jahr wurde renoviert. »Wir haben mit zwölf Mann einen 560-Kilo-Stahlträger rausgetragen«, erzählt er. »Leider war der Stahlträger wichtig. Einen Stock höher saß die Hausmeisterfrau auf Klo, und der Rest des Hauses sackte einfach ab. Wir hatten halt keine Ahnung.« Absacker mal anders. Dann war endlich Eröffnung und der Laden von Anfang an voll. Millionen Menschen gingen in den nächsten Jahren die Stufen zum Tamen-T hoch. Allein an einem Abend wurden in sechs Stunden 1500 Gäste gezählt. Etliche Ehen entstanden hier. Literweise floss der Alkohol.

Oft sorgte Lulu selbst für die Musik. Die Stones legte er gerne auf, und um Mitternacht immer Udo Jürgens. »Aber es kommt stets auf die Mischung an«, sagt er. »Ein leerer Tresen ist auch nicht gut. Dann muss man halt mal andere Lieder spielen.« Jeden Tag war geöffnet. Jeden Tag wurde gefeiert. Sogar Weihnachten war die Bude voll. »Als ich das erste Mal am 24.Dezember Party machte, zeigten mir alle 'nen Vogel. Aber meine Idee ging auf.«

Geboren wurde Claus-Jürgen Ruge 1944 in Eutin. Schon zwei Jahre später nannten ihn alle Lulu. Er lernte Elektriker in Kiel und verliebte sich in Wind, Wellen und Meer. Zusammen mit Uwe Mares segelte er später einen Dreivierteltonner und wurde sogar Vizeweltmeister. Er lernte im »Lollipop« in der Holtenauer Straße alles über Musik. Eher durch Zufall – der Bierlieferant erzählte ihm, dass das Tamen zum Verkauf stand – kam er zur eigenen Diskothek. Dann kaufte er 1983 das »l'étage« ein Stockwerk tiefer dazu und die Billardkneipe »Chevy«. Später das »LA« an der heutigen Sparkassen-Arena. Die schönsten Mädchen standen bei ihm hinterm Tresen. Er kannte Gott und die Welt. 16 Stunden arbeitete Lulu am Tag, kein Ruhetag, kein Urlaub. Irgendwann verpachtete er seine vier Läden und flog das erste Mal in die Karibik.

Inzwischen ist Lulu dreifacher Opa. Hat sechs Stents, einen Herzschrittmacher und einen implantierten Defibrillator. Vor sechs Jahren hörte er mit dem Rauchen auf. »Das waren schon mal 40 Zigaretten am Tag«, sagt er. Nach einem Herzstillstand 2016 verzichtet er auch auf den Alkohol. Noch immer lebt er in Blickweite vom Tamen-T, das inzwischen »Die Villa« heißt. Noch immer denkt er gerne an früher zurück. »Ich bereue nichts. Ich hab bisher ein tolles Leben gehabt, auch wenn ich es jetzt etwas ruhiger angehen lasse und leider finanziell die falschen Berater hatte.«

* TANZEN MIT JIMI HENDRIX UND CO.

Die Kieler und die Musik. Diese Liebe ist innig. Hier in der Landeshauptstadt gaben sich in den 60er-Jahren die Stars die Instrumente in die Hand. Jimi Hendrix trat im Mai 1967 auf, Paul Raven (später Garry Glitter) lebte hier sogar eine Zeit lang. Drafi Deutscher kam, Jürgen Drews, der hier vier Semester Medizin studierte. Es gab den Star-Palast, das Joy, das Lollipop, das Abraxas. Später das Milli Vanilli, das Café Tango, das Flip. Überall wurde getanzt und gefeiert. Klaus Kupfer baute die Bergstraßen-Discos auf. Eine Ecke weiter, in der Legienstraße, entstand Ende der 60er-Jahre das Tamen-T. Um die Polizeistunde zu umgehen, machten die Gründer Maro Meschkat, Karl-Heinz Wolf und Lutz Slomka daraus einen eingetragenen Verein, einen Studentenclub. Viel Zoff gab es übrigens um den Namen. Ursprünglich sollte das Tamen »Tangente« heißen. Doch die gab es schon in Süddeutschland. Eine Klage folgte. Trotzig wurde daraus das Tamen-T. Das lateinische »tamen« bedeutet übersetzt »dennoch«.

DER KÜNSTLERVERSTEHER

Kneipier und Galerist Holger Henze entdeckte in seinem Lokal Werner-Erfinder Rötger Feldmann

Holger Henze hat eines gelernt im Leben: Zufälle sollte man nicht unterschätzen. Irgendwann Ende der 70er-Jahre ist es, da sitzt ein gewisser Rötger Feldmann (später besser bekannt als Brösel) auf den speckigen, braunen Autoledersitzen in der Galerie Club No 68 und zeichnet autobiografisch gefärbte Comics. Als Kneipier und Galerist Holger Henze die sieht, weiß er: Vor ihm sitzt ein unglaubliches Talent. Fortan sind sie ein Team. Holger hilft beim Texten, Brösel zeichnet. Der Rest ist Geschichte. Das Strichmännchen Werner mit den vier Haaren auf der Glatze und dem Riesenzinken im Gesicht wird Kult.

Noch immer steht Holger Henze in der Ringstraße in der Küche. Auf dem großen Herd köchelt gerade eine reine Kraftbrühe vor sich hin. Mit Rinder- und Markknochen. So, wie er es einst von seiner Großmutter gelernt hat. »Bei uns wird immer alles frisch gekocht«, sagt er. »Nur mach ich da nicht so'n Gedöns drum.«

Als Holger Henze in Elmschenhagen das Licht der Welt erblickte, »erzittert die Erde«. »Aber nicht, weil ich so toll bin, sondern weil ich in einer Bombennacht 1944 geboren wurde.« Er lernte zunächst Stahlbauer. Sein Herz allerdings gehörte schon früh der Kunst. In Berlin begann er ein Kunststudium, machte bei Demos mit, diskutierte die Nächte durch. »Ich war wohl ein Existenzialist«, sagt er nachdenklich. »Wir haben damals alles hinterfragt.« Die Künstler der Muthesius-Werkschule gründeten 1967 in

Kiel das »Informationszentrum Junger Künstler«. Holger Henze wurde Mitglied. Ein ehemaliger Eisenwarenladen in der Ringstraße wurde zur Galerie Club No 68. Kneipe und Kunstraum in einem. Ende 1968 übernahm Holger Henze die Führung. Er stand nicht nur am Zapfhahn, sondern holte unzählige Künstler nach Kiel. Die ersten Retrospektiven des Regisseurs Rosa von Praunheim waren hier zu sehen. Peter Nagel stellte aus, Gerrit M. Bekker und Raffael Rheinsberg. Von letzterem hängt immer noch eine Installation unter der nikotingeschwängerten Kneipendecke. Ein Jesuskreuz mit Gasmaske, Gummihandschuhen und Sicherheitsstiefeln. Dazu der Schriftzug »Radioactive«. »Es war eine wilde Zeit«, sagt Holger Henze, der sich als Künstler vor allem mit Fotografie und Film einen Namen gemacht hat.

Ende der 80er kaufte sich der Galerist vor den Toren Kiels ein 300 Jahre altes Bauernhaus. »Das ist Entspannung pur, wenn ich hier schrauben und werkeln kann.« Im Sommer 2016 heiratete er. »Das muss man ja auch einmal im Leben gemacht haben«, sagt er und seine blauen Augen blitzen. Ein anderes großes Ereignis wirft auch schon seine Schatten voraus: Im September 2018 gibt es ein neues Werner-Rennen. Der Vertrag ist unterschrieben. Brösel gegen Holgi, Horex gegen Red Porsche. Der spezielle Rennmotor, der den 911er Porsche in fünf Sekunden von null auf hundert beschleunigen soll, liegt schon bereit.

* DER WERNER-KOSMOS BEGEISTERT MILLIONEN

Ohne die Galerie Club No 68 hätten die Werner-Comics vermutlich nie ihren Siegeszug durch Deutschland angetreten. Hier, zwischen Aschenbecher und »Bölkstoff« entstand der Blödel-Flachsinn, der Millionen begeistert. Die beiden Kreativen: Rötger Feldmann und Holger Henze. Ab 1979 erschienen die Zeichnungen zunächst im Satiremagazin »pardon«, im März 1981 kam das erste Buch im neu gegründeten »Semmel-Verlach« heraus. Elf weitere Bücher, zahlreiche Sonderbände und fünf Kinofilme folgten. Die Geschichten handelten von Erfahrungen als Installateurlehrling, vom Motorradfahren und von Trinkgelagen. 1988 kamen mehr als 200 000 Werner-Fans auf den Flugplatz Hartenholm (Kreis Segeberg), um das reale Rennen aus dem Buch zwischen der pinkfarbenen Horex von Rötger und dem roten Porsche (Baujahr 1968) von Holgi zu sehen. Das Rennen war nach Sekunden vorbei. Feldmann verschaltete sich, Holgi gewann.

1986

KNUTSCHFLECK INKLUSIVE

Gaby Christensen landete erst als Ixi in den
Charts und dann bei R.SH

In ihrem Wohnzimmer hängt eine alte Schallplatte hinter Glas: »Für Gaby tu ich alles« von Gerd Böttcher. »Als ich 1962 geboren wurde, war das ein Hit«, erzählt Gaby Christensen. »So kam ich zu meinem Namen.« Ihre Eltern ahnten damals noch nicht, dass ihre Tochter 20 Jahre später einmal selbst in den Charts landen würde. Die gebürtige Elmshornerin hat Musik im Blut. Sie spielt mehrere Instrumente, schwimmt als Sängerin Ixi auf der Neuen Deutschen Welle. Sie wird Ur-Moderatorin von Bravo-TV und sitzt am Mikro, als R.SH als erster privater Sender im hohen Norden an den Sendestart geht.

Gaby Christensen ist eine Frohnatur, ein Energiebündel. Nach dem Abitur will sie als Au-pair-Mädchen nach Monaco. Doch unverhofft bekommt sie 1982 vor der Abreise einen Schallplattenvertrag angeboten und bleibt. Ein Freund aus der Hamburger Musikszene hatte ihren selbst geschriebenen Titel »Detlev« ohne ihr Wissen zur Plattenfirma Metronome geschleppt, und tatsächlich wird er produziert. »Eigentlich war ich nur das passende Geburtstagsgeschenk für den Manager, denn der hieß auch Detlev«, erinnert sie sich. Doch damit gelingt ihr der Einstieg in die deutschen Charts.

1983 schießt ihre zweite Single »Der Knutschfleck« in die Top Ten der Hitparaden und beschert ihr im Anschluss eine Hauptrolle im Kinofilm »Plem Plem, die Schule brennt«. »Da habe ich dann wieder mit Knutschen Geld verdient«, sagt sie verschmitzt. »Andere Mädchen hätten dafür viel bezahlt. Denn bei meinem Kusspartner handelte es sich um den Teenie-Star Tommi Ohrner...« Ein Jahr später engagiert sie der damalige Bravo-Chefredakteur Bubi Heilemann als Moderatorin für die neu entwickelte Bravo-TV-Show bei Sat. 1. Neben der monatlichen Sendung, die in München aufgezeichnet wird, reist sie quer durch Europa und interviewt die ganz Großen - Supertramp, Modern Talking, Billy Idol, Falco.

Als 1986 schließlich R.SH anfragt, muss die Wahl-Hamburgerin nicht lange überlegen. Im September sitzt sie das erste Mal hinter dem Mischpult. »Die Zeit bei R.SH war einmalig. Wir, die Pioniere, waren ein bunt gemischter Haufen, der mit viel Liebe, Energie, Herz und Idealismus an den Start gegangen ist«, schwärmt sie. »So verschieden wir alle waren, wir ergaben eine Einheit und sind es bis heute.«

Gaby Christensen kommt eine Morgensendung in den Sinn. »Ich hatte Van Halen aufgelegt und die Regler ordentlich hochgezogen«, sagt sie. Wenig später steht Programmdirektor Hermann Stümpert hinter ihr und sagt milde: »Fräulein Tiedemann - so hieß ich früher - wir wollen unsere Hörer morgens nett wecken und nicht aus dem Bett schmeißen.« Er hat einst vielleicht auch Gerd Böttcher gehört. Mit Wirbelwind Gaby kann man irgendwie nicht wirklich schimpfen.

* EIN RADIOSENDER EROBERT DEN NORDEN

Als der erste Privatsender im Norden am 1. Juli 1986 in einer ehemaligen Tabaklagerhalle in Kiel-Wittland um 11.55 Uhr auf Sendung geht, schlägt das Ereignis ein wie eine Bombe. Alles ist neu, frecher und frischer als das, was die Schleswig-Holsteiner bisher gewohnt sind. Sogar die Nachrichten gibt es nicht zur vollen Stunde, sondern fünf Minuten davor. Eine Idee des damaligen Programmdirektors Hermann Stümpert. Der erste Song, der über den Äther geht, ist »Do it again« von den Beach Boys. Schon im ersten Jahr gewinnt R.SH einen Marktanteil von 42 Prozent - ein Erfolg, mit dem niemand gerechnet hatte. Mit über einer Million Hörern erreicht R.SH heute die meisten Menschen im Norden. R.SH gehört zu 100 Prozent der Regiocast, die wiederum zu knapp 40 Prozent schleswig-holsteinischen Zeitungsverlagen gehört.

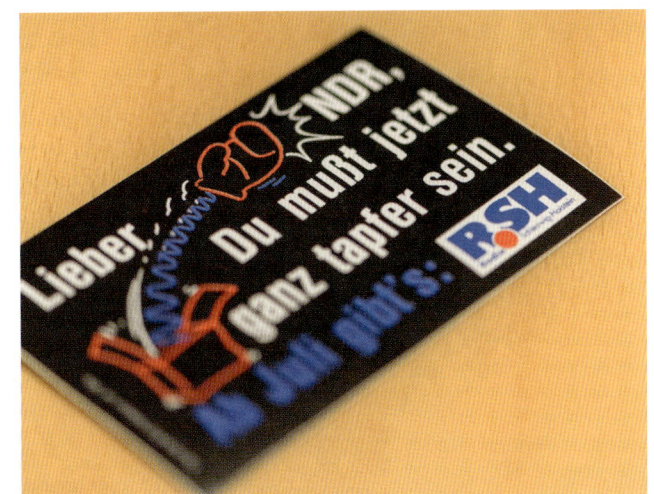

1989

DIE POETIN MAG ES POINTIERT

*Poetry-Slammerin Mona Harry gelingt
mit Liebestext an den Norden der Durchbruch*

Wenn Mona Harry auf der Bühne steht, dann ist sie wie im Rausch. Das Adrenalin fließt durch den Körper. Der Puls rast. Ihre Worte sprudeln aus ihr heraus, durchschießen die Luft, nehmen Fahrt auf, werden wieder langsamer. Sie spielt mit den Worten, verdreht sie, hinterfragt sie, benutzt sie, liebkost sie. Das Publikum hängt an ihren Lippen, lässt sich forttragen, mitreißen, in eine andere Dimension katapultieren. Oft sind es Hunderte von Zuhörern, die anschließend frenetisch Beifall klatschen. Mona Harry ist Poetry-Slammerin. In ganz Deutschland, Österreich und der Schweiz tritt sie auf.

Gerade steht sie vorm Kieler Literaturhaus. Verwunschen liegt das kleine Fachwerkhaus inmitten der überbordenden Natur. Eine perfekte Umgebung, um über Worte, Sätze und den verborgenen Sinn des Lebens nachzudenken. Seit 1989 fördert das Literaturhaus ein deutsch-französisches Slam-Projekt, und auch Slam-Poeten sind hier immer wieder aufgetreten. »Viele können uns Poetry-Slammer aber schwer einordnen. Unsere Texte sind oft Bühnentexte, die innerhalb kurzer Zeit funktionieren müssen. Deshalb lieben wir Pointiertheit«, sagt Mona Harry. Und doch freut sie sich, wenn Menschen durch Poetry-Slam überhaupt den Kontakt zur Literatur finden. Ein toller Einstieg sei das Format »Dead or Alive«. Hier interpretieren Schauspieler Texte von toten Dichtern wie Goethe oder Fontane, die dann gegen Poetry-Slammer antreten.

Zum Poetry-Slam, was so viel bedeutet wie Dichterschlacht und 1986 in Amerika erfunden wurde, kam die 1991 geborene Mona Harry durch Zufall. Eine Freundin schleppte sie 2011 einfach mit zu einem Dichterwettstreit in Hamburg. Noch am selben Abend stand für sie fest: Das will ich auch!

Gleich in der nächsten Woche meldete sie sich für einen Poetry-Slam an. »Ich war wirklich sehr, sehr mittelmäßig anfangs«, sagt sie. Aber sie ließ sich nicht entmutigen, schrieb Texte, trat auf und sammelte Erfahrung. Mit einem Liebestext an den Norden kam 2015 dann der ganz große Durchbruch. »Das hat mich selbst überrascht«, sagt sie. »Ich habe durchaus bessere Texte.«

Mona Harry lebt in Kiel mit ihrem Freund zusammen, auch ein Poetry-Slammer. Sie studiert in Hamburg Philosophie und Kunst. »Ich mache aber unglaublich viel nebenbei«, sagt sie. So arbeitet sie im Literaturhaus Hamburg bei einer Reihe mit, die »Gedankenflieger« heißt. Hier lernen Kinder, philosophisch zu denken. Sie gibt Workshops, moderiert.

Und sie ist viel unterwegs, um von einem Poetry-Auftritt zum nächsten zu reisen. Ganz so wie Bänkelsänger ein paar Jahrhunderte zuvor. Manchmal aber lässt sie die wunderschöne Natur rund ums Kieler Literaturhaus auf sich wirken. Die ein oder andere Inspiration für ihren nächsten Text liegt ihr dann zu Füßen.

* EIN FÜLLHORN LITERARISCHER ERLEBNISSE

Ursprünglich lebte in dem Haus der Garteninspektor des Alten Botanischen Gartens mit seiner Frau und fünf Kindern. Seit 1998 beherbergt das Fachwerkgebäude am Schwanenweg das Literaturhaus Schleswig-Holstein. Es möchte »ein Füllhorn literarischer Erlebnisse und viele Anregungen zum Gespräch über Literatur und Gesellschaft durch das Hören und Lesen literarischer Werke« bieten. Es gibt Lesungen, eine Textwerkstatt für Jugendliche, Vorlese-vormittage für Kindergartengruppen, eine Lese Lounge und vieles mehr. Der prächtige Garten mit seinem weiten Blick über die Förde bis hinüber in die Probstei inspirierte schon immer die Menschen. So entstanden hier grundlegende Werke der Botanik wie »Blüten-diagramme« von August Wilhelm Eichler (1839-1887) oder die Sukkulentenbücher von Hermann Jacobsen (1898-1978).

1998

EASY RIDER IN ELMSCHENHAGEN

Jörn Krautwurst hat die Glanzzeit des
Motorradsports in Kiel miterlebt

Es riecht nach Motoröl, schwergewichtige Zweiräder stehen in Reih und Glied, und die Jungs, die gerade eine Harley in ihre Einzelteile zerlegen, sind auch kernige Typen. Fehlt nur noch ein Easy-Rider-Poster mit Peter Fonda und Dennis Hopper an der Wand. Willkommen bei Speedmonsters, in der »Welt des schnörkellosen Customizings«, wie es auf der Webseite der Werkstatt heißt, in der »stramme Bikes auf die Straße gestellt werden, die jeder Mutti die Augen aus dem Kopf fallen lassen«. Auch der Autor der Homepage muss ein cooler Typ sein.

Jörn Krautwurst ist Chef des kultigen Ladens in Elmschenhagen, den er gemeinsam mit Malte Kossack führt. »Krauti« ist der Altmeister mit 45 Jahren gelebter Motorradleidenschaft auf dem Buckel. »Krauti« hat dennoch keine Bandscheibenprobleme, er ist im Februar 60 geworden, das stört ihn eher. Obwohl – wie 60 sieht er nicht aus. Egal, ums Alter geht es jetzt nicht, es geht um mehr: um Motorräder. Krautwurst sitzt auf motorisierten Zweirädern, seitdem er 15 ist. Er hat deren Glanzzeit in Kiel erlebt und große Grasbahnrennen. Auf dem Norder war er in den 1970er, 80er und 90er Jahren Stammgast, wenn Lokalmatador Egon Müller Gas gab. Als »Raketen-Müller« 1974 in Scheeßel erstmals Langbahn-Weltmeister wurde, feierte »Krauti« mit. »Ich bin früher häufig mit Kumpels zu Bahnrennen gefahren«, sagt er und wirkt noch immer leicht fassungslos, als er von einem Tag auf der schnellsten Langbahn der

Welt in Cloppenburg erzählt: „Da kam Egon über die Gerade und ließ in der Kurve Vollgas stehen, Wahnsinn. In diesem Moment hättest du eine Stecknadel fallen hören, obwohl 20 000 Zuschauer da waren.«

An Renntagen auf dem Norder präsentierte der gelernte Zweiradmechaniker in den Pausen aktuelle Modelle seines Kieler Arbeitgebers. »Wir sind nur im Schritttempo über die Bahn gefahren, die war bucklig und voller Löcher. Dass Egon da mit 180 Sachen drüber ist – unglaublich.« Auch sein Geselle Bernd Tittler hat deutliche Spuren in »Krautis« Gedächtnis hinterlassen: »Wenn ich montags zur Arbeit kam, pennte Bernd oft in seinem Rekord Kombi, hinten drin seine 250er, er ist nach einem Renn-Wochenende nachts oft durchgefahren. Wenn er gewonnen hatte, gab es für uns Wein aus dem Pokal.«

Vergangenheit. Die Zeiten sind vorbei, in denen man mit 15 Mofa fuhr, mit 16 Moped und kaum ein Auspuff nicht frisiert war. »Es gab in den 70er und 80er Jahren in Kiel deutlich mehr Motorradfahrer und -händler als heute«, versichert Krautwurst, »wenn man zur Eisbude nach Friedrichsort fuhr oder zum Exer, traf man immer Kumpels«. Er selbst fährt mit seiner persönlich restaurierten grünen Harley von 1955 (der Seitenwagen ist sogar Baujahr 1934) auch seltener übers Land, aber er schraubt noch immer gerne an Motorrädern herum. Als wäre die Zeit stehen geblieben.

* WELTREKORD AUF DEM »NORDER«

Das Nordmarksportfeld war im letzten Viertel des vergangenen Jahrhunderts häufig Schauplatz von Motorradrennen, die mehrere Tausend Zuschauer fanden. Lokalmatador war Egon Müller. Der Speedway- und Langbahnweltmeister stellte am 9. August 1998 im Rahmenprogramm eines Traber-Meetings einen neuen Grasbahn-Weltrekord auf. Mit einem 79-PS-starken Motor erreichte der damals 49-Jährige auf der mit 1400 Metern längsten Grasbahn Deutschlands eine Höchstgeschwindigkeit von 188 km/h und eine Durchschnittsgeschwindigkeit von 142,5 km/h. Gas gegeben wird auf dem »Norder« schon lange nicht mehr. Auch das lokalpolitische Struktur- und Entwicklungskonzept blieb 2005 blanke Theorie. Darin hieß es: »Das Nordmarksportfeld könnte Austragungsort für Sandbahn- und Autorennen wie DTM, Formel 3000 etc. und kleinere Serien sein.«

2002

MIT HERZ UND VERSTAND

Jochen Cremer ist der führende Herzchirurg am UKSH

Jeden Morgen bringt Jochen Cremer sein Herz in Wallungen. Dann lässt er auf seinem Crosstrainer bis zu 30 Liter Blut pro Minute durch seine Herzklappen rauschen, reichert den Sauerstoff in seinen Adern an, lässt den Herzmuskel arbeiten.

Dass ein gut funktionierendes Herz ganz und gar nicht selbstverständlich ist, sieht Jochen Cremer jeden Tag bei der Arbeit. Cremer ist seit 1998 der führende Herzchirurg im Norden. Unzählige Leben hat der Professor gerettet. Auch Altkanzler Helmut Schmidt gehörte schon zu seinen Patienten. Ihm setzte er nach einem akuten Herzinfarkt im August 2002 vier Bypässe. Am OP-Tisch im Kieler UKSH hat der Professor alles gesehen: vergrößerte Herzen, verfettete Herzen, verkümmerte Herzen.

Dabei hätte der 1957 geborene Jochen Cremer genauso gut Karriere in einem technischen Beruf machen können. Mathe und Physik waren in der Schulzeit in Nordrhein-Westfalen die Fächer, die ihm lagen. »Aber wie so oft im Leben spielt der Zufall eine große Rolle«, sagt er. Immer wieder kreuzten Menschen seinen Lebensweg, die ihn für die Medizin und später für den wichtigsten menschlichen Muskel begeisterten. Mal in Boston/Amerika, St. Moritz/Schweiz oder Hannover, mal in Köln, mal in Düren oder Aachen. »Noch heute bin ich fasziniert von den Strukturen des Herzens«, sagt er und schwärmt von der feinen, präzisen Arbeit. Dank seines Wissens und seiner Erfahrung hat die Herzforschung einen erheblichen Entwicklungsschub gemacht. Zusammen mit den Kieler Kollegen brachte er die minimalinvasive OP-Technik nach vorne, bei der ein kleiner Brustschnitt reicht, um an die Herzvorderwand zu gelangen: »Zuvor hat man fast immer das komplette Brustbein aufspalten müssen«, erzählt er. Oft steht er stundenlang im Operationssaal, nach vorne gebeugt und hoch konzentriert. »Körperlich ist das eine Herausforderung«, sagt er. Bandscheibenvorfälle und Gelenkbeschwerden bei Kollegen seien keine Seltenheit.

Ausgleich findet Jochen Cremer beim Sport. In Spanien hat er sich im Frühjahr ein schwarz-rotes Carbon-Rennrad der Marke »Pinarello« gekauft und liebt es, die Küstenregion von Katalonien abzufahren. Mit seiner Familie besitzt er hier ein kleines Ferienhaus. Aber auch Windsurfen, Mountainbiken und Skifahren halten ihn fit. Und er träumt davon, mit dem Rad die Alpen zu überqueren.

Aber das muss noch warten. Jochen Cremer wird gebraucht. Die nächste Operation steht an. Stolz macht es ihn, wenn die Zeitschrift »Focus« bei ihrem Medizin-Ranking die Leistung seines Teams der Kieler Herz- und Gefäßchirurgie würdigt. »Wir sind eine tolle Mannschaft«, sagt er. Wie man es trotzdem schafft, nicht auf seinem OP-Tisch zu landen? »Immer in Bewegung bleiben«, sagt er fröhlich und entschwindet auch schon in den Gängen des zweitgrößten Universitätsherzzentrums Deutschlands.

* KIELER MEDIZIN GEHT IN DIE WELT

Namhafte Mediziner haben in den letzten dreieinhalb Jahrhunderten an der Christian-Albrechts-Universität gewirkt und oft Bahnbrechendes für die Welt geleistet. So war Friedrich von Esmarch 1882 Mitbegründer der Ersten Hilfe in Deutschland. Walther Flemming kam 1885 der Lymphozyten-Bildung auf die Spur. Der Neurologe Hans Gerhard Creutzfeldt entdeckte 1921 die Creutzfeldt-Jakob-Krankheit. Gustav Adolf Neuber (1850-1932) ist Begründer der Asepsis. Heinrich Quincke (1842-1922) entwickelte eine zukunftsweisende Methode der Lumbalpunktion. Otto Fritz Meyerhof (1884-1951) stieß auf den gesetzmäßigen Zusammenhang zwischen Sauerstoffverbrauch und Milchsäureumsatz im Muskel und erhielt dafür sogar 1922 den Nobelpreis für Medizin. Aus keinem OP-Saal der Welt ist auch die Entwicklung des Kieler Gynäkologen Kurt Semm (1927-2003) wegzudenken: die minimalinvasive Chirurgie.

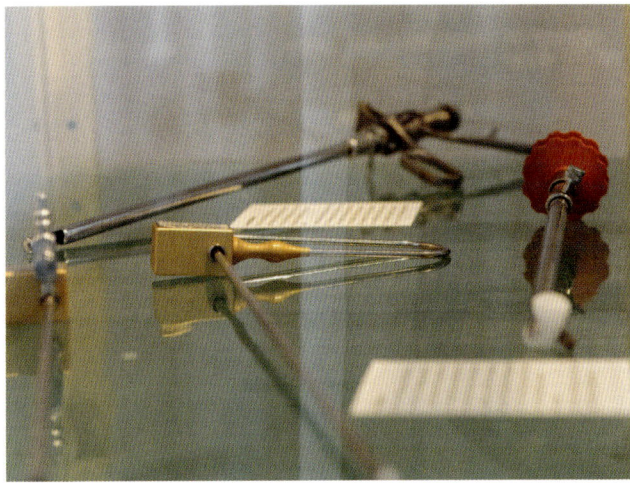

WIR SIND ALLE GESCHWISTER

*Bekir Yalim engagiert sich in der
türkisch-islamischen Gemeinde »Ulu Camii«*

Als Bekir Yalim nach Kiel kommt, ist ihm der liebe Gott ziemlich schnuppe. Er ist 1972 zwölf Jahre alt und bekommt erst einmal einen Kulturschock. Überall auf den Straßen ist es im Vergleich zur Türkei still und leise. Er versteht kein Wort und findet noch nicht einmal in der Stadtbücherei ein Wörterbuch. Und dann schimpft sein deutscher Lehrer immer »Sakramento! Verdammt noch mal!«. Vom Tonfall weiß Bekir Yalim, dass das nichts Gutes ist. Aber mit dem Verstehen dauert es noch eine ganze Weile. Heute hat er seinen Arbeitsplatz direkt unter Kiels einzigem Minarett. Gerne bringt er nun jedem, den es interessiert, die Feinheiten seiner Religion bei.

Den Islam hat Bekir Yalim erst spät für sich entdeckt. »Meine Eltern waren nicht übermäßig gläubig«, erzählt er in seinem Büro in Kiel-Gaarden. In den Regalen stehen Koran-Bücher und religiöse Schriften. In der einen Ecke befindet sich ein aufgerollter Gebetsteppich. In der anderen eine Art Wecker in Moscheeform, der fünf Mal am Tag zum Gebet aufruft. Der Verkaufshit zurzeit. Das neue Minarett hat seine Gemeinde übrigens Kindern zu verdanken. »Wenn wir Schulklassen durch unsere Moschee geführt haben, fragten die immer nach dem Minarett, das sie aus Büchern kannten«, erzählt Yalim und lacht, »da haben wir dann einfach mal eins gebaut.«

Bekir Yalim liebt, was er tut. Seit 2016 ist er ehrenamtlicher Vorsitzender der türkisch-islamischen Gemeinde »Ulu Camii« in Kiel. Gegründet 1983 ist sie die älteste islamische Gemeinde in Kiel. »Damals gab es nur einen kleinen Raum im Hinterhof im Königsweg«, erzählt er. Selbst erlebt hat er das nicht, denn er ist erst seit 2011 Mitglied der Gemeinde. »Mit 25, als ich geheiratet habe, ging mir eine Frage nicht mehr aus dem Kopf: Was will der liebe Gott von mir?« Er begann Bücher zu lesen, den Koran, die Bibel, besuchte verschiedene Gottesdienste und stellte fest, dass die verschiedenen Religionen sich gar nicht so sehr unterscheiden. »Wir sind alle Geschwister«, sagt er.

Zeit fürs Nachmittagsgebet. Eine Tür weiter ist die Moschee. Ein Raum, groß wie eine Turnhalle mit flauschigem Teppich, Fußbodenheizung und einem Altar. Gemeinsam mit rund 30 Gläubigen wird ein Bittgebet für alle Menschen dieser Welt gesprochen. Bekir Yalim genießt diese intensive, sammelnde Viertelstunde. Und er genießt es, dass sein Körper nach einer Operation wieder alle Verbeugungen mitmacht.

Jahrzehntelang arbeitete er als Reifenmonteur, nicht zur Freude seiner Bandscheiben. Ob er manchmal seine Heimat am Mittelmeer vermisst? Er lacht. »Ja«, sagt er, »alle Bekannten wollten damals nur fünf Jahre in Deutschland bleiben. Aber inzwischen sind daraus bei vielen 50 Jahre geworden.« Auch er möchte nicht zurück an den Bosporus. »Gaarden ist schön.« Und das neue Minarett weist ihm jeden Morgen den Weg.

* DER IMAM RUFT NUR EINMAL AM TAG ZUM GEBET

Das erste und einzige Minarett in Kiel gehört der Gemeinde »Ulu Camii« (320 Mitglieder) und wurde nach zweijähriger Planungszeit im April 2016 feierlich eingeweiht. 76 Stufen führen 24 Meter in die Höhe. Der Turm hat einen Durchmesser von 1,90 Metern und besitzt zwei Aussichtsplattformen. Hier kann der Imam (Vorbeter) das Gebet ausrufen, damit die Menschen das auch von Weitem sehen und hören. Doch inzwischen hat die Technik gesiegt. Der Imam steigt nicht mehr in die Höhe, sondern verkündet seinen Gebetsruf über Lautsprecher aus dem Büro. Das passiert nur einmal am Tag, immer zur Mittagszeit. Nichtgläubige Anwohner sollen keinen Grund zur Klage haben. »Ulu Camii« gehört zum Dachverband Ditib (Türkisch Islamische Union der Anstalt für Religion, 892 Mitgliedsvereine) mit Sitz in Köln. In Kiel gibt es mehr als zehn Moscheen verschiedener Religionsgemeinschaften.

2017

DIE FLEISSIGEN BIENEN
VOM WIKER BALKON

Utha Bonowsky ist die Honigdeern von der Förde

Geboren in Berlin, getauft am Tag des Mauerbaus, Lehre am Rande der Schwäbischen Alb, seit dem Studium in Kiel und mittlerweile an der Förde die »Honigdeern«: Die Wege, die ein Leben nimmt, sind mitunter so weit und verzweigt, dass ein Navigationssystem seine liebe Not hätte. Bei Utha Bonowsky ist das so ähnlich. Als sie in Lichterfelde-Süd als kleines Mädchen noch mit Puppen spielte oder zur Abi-Zeit die Grünen-Szene an der Spree kennen- und schätzen lernte, ahnte sie nicht, dass sie 2017 Honig an der Förde herstellen würde.

Geprägt von den Idealen der Grünen zog es sie nach dem Abitur raus ins Grüne. Auf einem Bauernhof in Riedlingen an der Donau schnupperte sie Landluft und genoss eine landwirtschaftliche Ausbildung. Dass sie mal baden-württembergische Vizemeisterin im Wettpflügen wurde, erzählt sie mit einem Grinsen. »Das als Frau geschafft zu haben, war in der damaligen Zeit eine Provokation.« Während des Studiums in Kiel kellnerte sie, fuhr Taxi oder begleitete Segel-Schwertransporte nach Frankreich. Nach dem Examen 1990 schulte die Diplom-Agraringenieurin in der verblichenen DDR ehemalige Stahlwerker um an so namhaften Standorten wie Unterwellenborn in Thüringen oder Lauchhammer in Brandenburg, aber auch in Ost-Berlin. »Da lernte ich die Stadt aus einem anderen Blickwinkel kennen.« Hätte die Frau mit den dunklen Augen nicht Hummeln im Hintern, so wäre sie danach vielleicht in der Hauptstadt

hängen geblieben – als Geschäftsführerin eines Kurierdienstes. Doch es zog sie zurück nach Kiel, wo sie mit einer Freundin die Agentur »bepublic!« gründete. Utha Bonowskys Energiereserven waren 2014 allerdings aufgebraucht. Sie erlitt ein Burn-out, stieg aus der PR-Branche aus und nahm Teilzeit-Jobs an. Doch wie das Leben so spielt: 2013 lernte sie in Niedersachsen einen Imker kennen und war fasziniert. Sie besuchte die Imkerschule in Bad Segeberg, ließ sich von Heinz Löptin in Altenholz fortbilden und erwarb ihre ersten beiden Völker.

Mittlerweile sind es 24, auf einem Stadtwerke-Gelände in der Wik, auf dem Geomar-Gebäude oder am Schrevenpark. Vom Geomar-Dach fliegen ihre kleinen Mitarbeiterinnen hinüber in den Alten Botanischen Garten. Diesen Honig findet Utha Bonowsky »total lecker«, was an den speziellen Pflanzen und Bäumen liegt: »Die Vielfalt dort macht es wirklich spannend.« Bei der Vermarktung kommt ihr nun ihre Agenturerfahrung zugute. Unter der Marke »Honigdeern« gibt es beispielsweise die Sorte »Wiker Balkon« im Kieler Einzelhandel. Irgendwann, so hofft sie, werde sie von der Honigherstellung leben können. Doch nicht immer wird sie wie 2015 (»Ein gutes Jahr!«) 600 Kilo eigenhändig produzieren können. Was sie jetzt schon weiß: »Das ist eine wundervolle Aufgabe. Man kann mit Bienen nur arbeiten, wenn man sich Zeit nimmt. Dabei kommt man richtig zur Ruhe.«

* STADTHONIG IST UNBELASTET

In Deutschland gibt es rund 100 000 Imker mit etwa 800 000 Völkern. In Schleswig-Holstein produzieren knapp 3000 Imker Honig. Stadthonig wird mittlerweile in nahezu allen deutschen Großstädten, überwiegend von jungen Menschen, hergestellt. Er gilt als unbelastet, da in Städten kaum Pestizide zum Einsatz kommen. Auch werden praktisch keine Spuren von Autoabgasen registriert, da Bienen bevorzugt Nektar aus frisch aufgeblühten – und somit minimal belasteten – Pflanzen aufnehmen und die fettlöslichen Stoffe zudem vom Wachs der Waben beseitigt werden. In Kiel starteten die Geologiestudenten Sebastian Starzynski, Benny Ditel und Daniel Müller 2012 mit vier Bienenvölkern. Utha Bonowsky begann 2014, etablierte ihre Marke »Honigdeern«, übernahm 2016 von Starzynski und Ditel deren Imkerei »Kieler Honig« und produziert diesen auch 2017.